J. Morgenstern

Die franz. Akademie u. Die Geographie des Talmuds

J. Morgenstern

Die franz. Akademie u. Die Geographie des Talmuds

ISBN/EAN: 9783744643733

Hergestellt in Europa, USA, Kanada, Australien, Japan

Cover: Foto ©ninafisch / pixelio.de

Weitere Bücher finden Sie auf **www.hansebooks.com**

Die

französische Academie

und die

„Geographie des Talmuds"

Zweite vollständige Auflage

von

Dr. J. Morgenstern.

Berlin 1870.
Druck von E. Schlesinger, Oranienburger Straße 27.

Noch ist die Dinte unserer ersten Schrift, die die stürmischen Wogen des Neubauerischen Geistes so hoch getrieben, nicht abgetrocknet, und wir sehen uns schon veranlaßt mit einer zweiten vor die Oeffentlichkeit zu treten, um das vielgenannte, epochemachende Neubauerische Opus nach allen seinen Phasen hin gründlich zu beleuchten. H. N. hat uns in einer Weise, die alle Grenzen des guten Taktes überschreitet, herausgefordert; denn er bezeichnet unser Verfahren als ein b u b e n h a f t e s ! H. N. schlägt überhaupt gegen uns einen Ton an, wie es sich nur eine G r ö ß e, wie H. N., g e g e n d e n g a n z u n b e d e u t e n d e n Dr. Morgenstern erlauben kann. Fern sei es uns, ihm in das Gebiet dieser rauhen Dissonanzen zu folgen, denn Viele erklimmen den Chimborasso der — —, wohin man ihnen nicht folgen kann! H. N. glaubte um so sicherer seine giftigen Pfeile gegen uns zu schleudern, weil er wähnte, daß wir in unserer ersten Schrift, die er allen Gelehrten als Klabberabatsch-Lectüre empfiehlt, alle Irrthümer und Gebrechen, woran sein Werk so sehr krankt, mühsam gesammelt und zusammengetragen, so daß er keine Nachlese mehr zu befürchten hat. H. N. muß uns wenig strategische Kenntnisse zutrauen, wenn er glaubt, daß wir unser ganzes Geschütz in's Treffen geführt und uns aller Mittel, den Kampf wieder aufnehmen zu können, entblößt haben. H. N. soll uns daher, seiner Herausforderung gemäß, in voller geistiger Rüstung finden. Möge er, nach seiner gewohnten Weise, mit der rauhen Waffe der gemeinsten Schimpfworte sich uns nahen, wir wollen mit des Geistes Waffe ihm entgegentreten und wollen sehen, welche sicherer treffen und eher verwunden wird!

Vor Allem sprechen wir H. N., der uns die Gelegenheit geboten, mit einer zweiten Schrift hervorzutreten, unsern tiefgefühlten Dank aus, weil wir uns über den heftigen Ton, der sich durch unsere erste Schrift zieht, zu rechtfertigen wünschten. So weit wir die Stimmung sondirt, hat man es uns übel genommen, wenn man auch allenthalben der Sache die vollste Gerechtigkeit widerfahren ließ, daß wir in der Beurtheilung des Werkes dies schärfer gethan, als es gerade zur Erreichung des objectiven Zweckes nöthig war. Wir gestehen es, und bedauern in der tiefsten Seele, einen Ton angeschlagen zu haben, den die Wissenschaft nicht billigen kann. Allein aus dieser unserer Arbeit soll und wird Jeder die moralische Ueberzeugung gewinnen — da doch dies Alles uns schon damals vorgelegen hat, und wir nur aus Schonung Vieles verschwiegen — daß man solchen Dingen gegenüber nicht ruhig bleiben kann. Angesichts solcher Irrthümer und Plagiate, wie sie der Verfasser der „Geographie des Talmuds" begangen, kühl und leidenschaftslos zu bleiben, ist eine moralische Unmöglichkeit! Doch Personen, die uns kennen und denen nahe zu stehen wir die Ehre haben, werden uns das Zeugniß ablegen, daß uns maliciöses Wesen fremd ist. Im Gegentheile, wir gönnen dem Verdienste seine Krone und freuen uns zu sehen, wenn junge Kräfte fruchtreich sich entfalten. Doch Personen gegenüber, die uns nur nach unserer Schrift zu beurtheilen vermögen und glauben könnten, daß denn doch eine Gereiztheit der Stimmung unsere Feder geführt, und somit nicht nur ein Schlaglicht auf unsern Charakter fallen könnte, sondern auch das Verdienst um die Wahrheit und um die Wissenschaft, das wir als gewichtig in die Wagschale werfen, einen Abbruch erleiden dürfte, diesen sei unsere Vorrede gewidmet. Wir wollen klare und deutliche Beweise geben, daß wir gegen die Person des H. N. — doch Brutus ist ein ehrenwerther Mann — nichts haben. H. N. sagt im „Athenaeum" vom 28. Mai: „Vor Allem müssen wir fragen: Wer ist denn der Dr. Morgenstern? Wir glauben, daß in ganz Deutschland kein Orientalist eine genügende Auskunft über diese Person geben könnte." Wir gestehen es selbst, daß wir uns stets in den Grenzen der Bescheidenheit gehalten und nicht wie Mancher — aus Ehr- und Prunksucht so viel Staub aufgewirbelt. Wir haben auch niemals in allen Archiven Folianten abgestaubt und dann in die große Posaune gestoßen. Wir wußten auch nicht, und erst jetzt werden wir von H. N. darüber belehrt, daß man sich erst vor der Polizei als Gelehrter legitimiren muß, wenn man Jemandem seine grenzenlose Unwissenheit und bodenlose Hohlheit nachweisen will. Wenn H. N. aber sagt, daß kein Orientalist in ganz Deutschland über uns Aufschluß zu geben im Stande wäre, so scheint er entweder an die falsche Adresse sich gewandt zu haben, oder, was wahrscheinlicher ist, daß sein Verzeichniß über die Orientalisten Deutschlands sehr lückenhaft sein muß. Jedoch soviel sagt H. N. selbst, daß er uns nicht kennt, nie von der Existenz unserer Person gehört, und somit ist der erste Beweis gegeben, daß von einer Rivalität oder Animosität zwischen uns nicht die Rede sein kann.

2. Diese preisgekrönte Schrift erschien im Jahre 1868, somit sind zwei volle Jahre verstrichen, ohne daß auch wir unsere Stimme in die Wagschale der öffentlichen Meinung gelegt. Im Jahre 1870 war bereits das Urtheil über das genannte Werk von der gesammten gelehrten Welt einstimmig gefällt, und zwar wurde es von allen Seiten verhimmelt und mit großer Acclamation begrüßt. Erst jetzt, nachdem Alles seine Stimme abgegeben, glaubten wir es der Wahrheit und der Wissenschaft schuldig zu sein, dieses Werk gründlich zu beleuchten. Würden wir gleich, nachdem das Buch erschienen war, mit unserer Kritik hervorgetreten sein, so würde man allerdings zu der Annahme, daß hier Motive unedler Art zu suchen wären, berechtigt gewesen

sein. Wir haben uns aber mit unserem Urtheile nicht vorgedrängt, wir haben uns nicht in die erste Reihe der Streitlustigen gestellt, sondern ruhig zwei volle Jahre abgewartet, und es ist nicht unsere Schuld, wenn in ganz Europa kein Einziger das Werk gehörig gekennzeichnet. Wenn man gegen eine Person einen Groll im Herzen trägt, so wartet man nicht zwei Jahre, sondern sucht ihn sobald als möglich anzuhauchen, gleichviel, ob die Welt es billigt oder mißbilligt! 3. Würde H. N., aus eigenem Wissensdrange angetrieben, das Werk herausgegeben haben, so wäre es uns niemals in den Sinn gekommen, es so scharf zu kritisiren, weil wir uns dann auch nicht berechtigt dazu gefühlt hätten, einen Mann über seine oberflächlichen Kenntnisse auf talmudischem Gebiete zur Rechenschaft zu ziehen. Solche Werke verschwinden nach einiger Zeit, ohne daß man weiß, daß sie jemals entstanden. Hier haben wir es aber mit einem Werke absonderlicher Art zu thun. Wir traten dagegen auf, nur weil eine gelehrte Corporation, wie die französische Academie, auf die die Augen Europas gerichtet sind, es gekrönt, und wir hoffen, daß es uns diese gelehrte Gesellschaft nicht übel nehmen wird, sie darauf aufmerksam gemacht zu haben, bei ähnlichen Werken fernerhin vorsichtiger mit dem Ehrenpreise zu verfahren. Läge es in unserer Absicht, H. N. persönlich anzugreifen, so würden uns ganz andere Mittel zu Gebote gestanden haben. Ein Beispiel genüge! Im Jahrbuch „der Geschichte der Juden," 3. Band, vom Jahre 1863, druckt H. N. zwei Briefe Obadjah's aus Bartenuro, nach einem Manuscripte, im Besitze des H. Uri Günzburg, ab. Seite 195 lautet die Stelle im hebräischen Texte: „באשר כליתי מעשי בארץ מגורותי בעיד קשטילו בתשיעי באחד לחדש משם נסעתי ועברתי ברומא ובאתי בנפולי בשנים עשר יום לחדש ההוא" Seite 225 übersetzt H. N. diese Stelle: „Nachdem ich Alles am ersten Tage des neunten Monats (Sivan 5246) in meinem Aufenthaltsorte Castello fertig gebracht habe, begab ich mich nach Rom und von da nach Neapel, wo ich am zwölften Sivan anlangte." H. N.

übersetzt also חדש התשיעי „den neunten Monat," „der Monat Sivan"!!! Auf derselben Seite fährt der Verfasser in der Erzählung fort: ובחדש הרביעי ביום הצום רמ"ז נסעתי und H. N. übersetzt wieder Seite 225 diese Stelle: „Im vierten Monate am Fasttage (10. Tebeth 5247) reiste ich..." Also חדש הרביעי der vierte Monat, ist wieder der Monat Tebeth! H. N. weiß also nicht, daß man vom Monate Nisan zu zählen beginnt, wie es ausdrücklich Exodus, 12. 2 vorgeschrieben ist und im Talmud? Rosch Haschana 3b und ff. eine ganze Abhandlung darüber ist, somit der neunte Monat, „Kislev" und der vierte Monat „Thamus" ist. H. N. glaubte, weil die Israeliten ihr Neujahr in Tischri feiern, man auch von Tischri, wie die andern Völker, zu zählen beginnt, und somit folgerichtig der neunte Monat „Kislev" und der vierte Monat „Thamus" ist. Wenn Exodus 19, 1 steht: „Im dritten Monate nach dem Auszuge aus Egypten kamen die Israeliten nach Sinai," wo die zehn Gebote gegeben wurden, würde das nach H. N. Auffassung heißen müßen: im Monate Kislev kamen die Israeliten nach Sinai, und der Auszug aus Egypten hätte also in Tischri stattgefunden. Warum feiern aber die Israeliten dieses Fest in Sivan und nicht in Kislev? H. N. hat eine Confusion sondergleichen dadurch angerichtet. Die Feiertage müssen also auf ganz andere Monate verlegt werden; so z. B. der Versöhnungstag, der nach Leviticus, 23, 27 im siebenten Monate, d. i. im Monate Tischri, gefeiert wird, müßte in Nisan gefeiert werden. Wir bitten den gelehrten H. N. um eine Erklärung der Stelle, Zacharia 8, 19 und sind begierig zu wissen, wie er die vier Fasttage, daselbst erwähnt, nach seiner Auffassung herausklügeln würde! Man wird vielleicht glauben, daß der Verfasser der Briefe diesen Irrthum begangen und seine Zählung vom Monate Tischri beginnt, somit H. N. eine getreue Uebersetzung geben mußte. Allein es ist aus dem ganzen Reiseberichte dieses jüdischen Gelehrten zu ersehen, daß es nicht der Fall ist. Seite 198 sagt er: „Den Vorabend von Sukoth kam eine französische

Galeere nach Palermo. Die Nacht nach Sabbath Bereschith (das ist der erste Sabbath nach dem Sukothfeste) schifften wir uns ein und kamen in zwei Tagen nach Messina." Seite 199 fährt er in seiner Erzählung fort: „Dort verweilten wir einige Tage und am 18. Marcheschwan verließen wir Messina." Es ist also deutlich erwiesen, daß dieser Gelehrte das Sukothfest auf den Monat Tischri, wie es Leviticus 23, 24 vorgeschrieben steht, verlegt. H. N. ließ sich dadurch täuschen, weil der Verfasser sagt: בחדש הרביעי ביום הצום „am vierten Monate, am Fasttag," auf den Monat Tebeth zu beziehen, weil wirklich am 10. Tebeth die Israeliten einen Fasttag haben, wußte aber nicht, daß der Verfasser mit dem „vierten Monat" Tamus bezeichnet, in welchem Monat auch ein Fasttag, und zwar am 17. begangen wird. Man sieht also, daß es uns nicht um die Person des H. N., der zwei hebräische Worte nicht zu übersetzen versteht, sondern um die Sache zu thun war. Wir könnten H. N. noch ganz andere Sachen, die die Welt in Staunen setzen würden, nachweisen; allein wie gesagt, wir haben nichts mit der Person des H. N. zu thun, sondern uns kommt es darauf an die gelehrte französische Academie über das Werk, das sie gekrönt, aufzuklären! 4. endlich, und hier liegt der Schwerpunkt unserer Rechtfertigung. Wir haben in unserer ersten Schrift H. N. einige Irrthümer und einige Plagiate, die zusammengenommen in seinem Werke vielleicht 30 Seiten ausmachen dürften, nachgewiesen. Ein Werk von 430 Seiten, dem man Irrthümer, die nur 30 Seiten ausfüllen, nachweist, die übrigen 400 Seiten aber als gediegen, fehlerfrei und als des Verfassers eigenes Geistesprodukt gelten lassen muß, ein solches Werk verdient noch immerhin gekrönt zu werden. Da wir nur 30 Seiten als fehlerhaft bezeichnet, an den übrigen 400 Seiten aber trotz der schärfsten Kritik nichts zu bemängeln vermochten — einen solchen Schluß wird doch wohl jeder ziehen — somit darf das Werk noch immer einen großen Werth in den Augen der Welt haben. Nun soll aber bewiesen werden: 1. daß die Fehler, die wir in

unserer ersten Schrift nachgewiesen, als nichts in Anbetracht
derer, die wir jetzt nachweisen werden, verschwinden und sowohl
extensiv als intensiv die erstern übertreffen. 2. soll nachgewiesen werden, daß von den 430 Seiten kein Buchstabe H.
N. gehört, sondern Blatt für Blatt, Zeile für Zeile nachgeschrieben ist, und somit H. N. nichts mehr von dem Werke als das
Titelblatt zugeschrieben werden kann. Wir glauben daher einen
genügenden Beweis zu geben, daß wir H. N. in unserer ersten Schrift
mit aller Schonung und Nachsicht behandelt. Kleine Irrthümer,
die wir zu hunderten und abermals hunderten anführen könnten,
haben wir nicht aufgenommen, weil man kleine Irrthümer wohl
einem Rapoport, oder einem Geiger, aber nicht einem
Neubauer nachweist. Wir bitten daher, die gelehrte Welt
wolle die Sache unparteiisch prüfen und urtheilen, auf wessen
Seite das Recht ist, und ob unser Verfahren als ein bubenhaftes bezeichnet werden darf!

I.

Seite 4 spricht H. N. über die Ausdehnung Palästinas
und sagt: „Nous trouvons exagerée l'indication du Talmud
sur l'étendue de la Palestine. On y dit, à propos de la
guerre entre Hyrcan et Aristobule, dont nous aurons
l'occasion de parler dans la partie historique, que la Palestine trembla sur une étendue de 400 parsa sur 400
parsa, c'est-à-dire 160,000 parsa carrées, lorsque le porc
qu'on monta par dérision aux assiégées pour bête de
sacrifice, accrocha ses sabots aux murs de Jérusalem. Or
une parsa valant trois milles romains et trois quarts, la
Palestine aurait eu une étendue de 2,250,000 milles romains
carrés, chose imposible, quelque loin qu'on recule les
limites de ce pays." Nun macht H. N. 9 seine Bemerkung:
„De semblables exagérations sont familières aux talmudistes;
on en trouvera relatées quelques — unes dans le courant de
ce travail." Nun wollen wir beweisen, daß im ganzen Talmud nicht

eine Stelle zu finden ist, aus der H. N. nachweisen könnte, daß
Paläſtina eine ſolche Ausdehnung hatte. Im Gegentheile, wir
werden aus vielen Stellen beweiſen, daß der Talmud Paläſtina
keine ſolche Ausdehnung beilegte, und ſomit die von H. N. angegebene Stelle offenbar von ihm nicht verſtanden wurde, oder
den Verfaſſer, dem er dieſen Artikel nachgeſchrieben, wie wir dies
in der zweiten Abtheilung nachweiſen werden, nicht verſtanden
hat. Die von H. N. angegebene Stelle kommt vor: Baba
Kama, 82b; Menachoth 64b; Sotah 49b und lautet: ונדעזעה
פרסה. ארץ ישראל ת" פרסה על ת" „Paläſtina wurde durch
ein Erdbeben, das ſich auf 400 Parſa im Quadrat erſtreckte,
erſchüttert." Der Talmud will damit ſagen, daß die Erſchütte-
rung allerdings von Paläſtina ausging, aber ſich auf die entfernten Länder erſtreckte. Im Talmud, Jeruſchalmi, Taanith 4, 4
wird daſſelbe Factum mitgetheilt und lautet: ישראל מארץ וקפץ
פרסה מ" „das Thier ſprang hinweg auf 40 Parſa." Hieraus
iſt deutlich zu ſehen, daß im Talmud Babli ein Fehler ſich ein-
geſchlichen, indem der Abſchreiber ſtatt מ=40 ein ת=400 geſetzt,
da doch die Buchſtaben מ und ת leicht zu verwechſeln ſind.
Wir begreifen aber nicht, wie H. N. als Talmudiſt, der ſo oft
erwähnte Spruch im Talmud: אגדה מן למדין אין „Die Ha-
gadah darf nicht als Maßſtab für wichtige und lehrreiche Sätze
dienen," entgehen konnte! Daß unſere Erzählung eine agadiſche
Färbung hat, iſt doch wohl auf den erſten Blick zu ſehen. Wenn
es im Talmud, Joma 20b heißt: „Zwei Stimmen werden von
einem bis zum andern Ende der Welt gehört: Die Stimme des
Kindes, wenn es zur Welt kommt, und die Stimme der Seele,
wenn ſie ſich vom Körper losringt," wird etwa H. N. behaupten
wollen, daß der Talmud keinen Begriff von dem menſchlichen
Organismus hatte, weil er der Stimme eines neugebornen Kindes
eine ſolche Kraft beilegt? Das ſind tiefſinnige Sprüche und
müſſen allegoriſch gedeutet werden! Mit demſelben Rechte könnte
H. N. den Deuteronomiſten, wenn er 1, 28 von hohen, feſten
und bis in den Himmel ragenden Städten berichtet, angreifen

und sagen, daß er nie eine Stadt gesehen haben muß! Das sind Hyperbeln, die dem Semiten eigen sind, die er sogar in der Rede sehr gerne anwendet, um der Phantasie einen weiten Spielraum zu gewähren. Nun wollen wir aber aus nicht agadischen Stellen beweisen, daß der Talmud Palästina die kleinste Ausdehnung beilegt und die mit der heutigen geographischen Lage ganz übereinstimmt. Im Talmud, Pesachim, 94a und Taanith, 10a lautet eine Stelle: מצרים הויא ת" פרסה על ת" פרסה. „Egypten enthält ein Quadrat von 400 Parsa." Der Talmud versteht unter Egypten bekanntlich auch Aethiopien und die Ostküste Afrikas. Eine solche bestimmte Aussage, wie hier bezüglich Egyptens, kommt aber niemals im Talmud von Palästina vor, sondern selbst in den agadischen Stellen wird nur der Ausdruck ונזדעזעה, „es wurde auf ein Quadrat von 400 Parsa erschüttert," gebraucht. In allen Talmuden findet sich aber keine Stelle, wo gesagt wird, daß Palästina eine Ausdehnung von 400 Parsa hat. Der Talmud spricht nur von einer Erschütterung, die von Palästina ausging und sich auf die entfernten Länder erstreckte. Nach den Berichten vieler Reisenden ist das kein abnormaler Fall, sondern solche Erscheinungen kommen oft vor. Auch Rabbi Josef Schwarz aus Jerusalem berichtet in seinem Werke Tebuoth Ha'arez, daß Erdbeben im Orient so stark sind, daß man sie in andern Welttheilen verspürt.

Das Erdbeben im Jahre 1837, das Zefath und Tiberias zerstörte, ist selbst in Wien und Bagdad verspürt worden. Ein zweiter Beweis sei aus Talmud, Rosch Haschanah, 22b gegeben. Daselbst wird gesagt, daß man, um den Eintritt des Neumondes bekannt zu geben, in ganz Palästina Feuersignale gab, und zwar wurden die höchsten Berge dazu ausersehen, damit man das Feuer wahrnehme. Nun werden die fünf Punkte angegeben, wo die Feuersignale aufgesteckt wurden. Der Oelberg, Sartaba, Gerufne, Choran, Beth Balthin, und von dieser letzten Station konnten alle Israeliten, selbst die in Babylonien wohnten, das Feuer wahrnehmen. Der Talmud sagt daselbst 23b: „Zwischen jeder dieser Station war eine Entfernung von acht Parsa," also zusammen bis nach Babylonien hin, etwa 40 Parsa, was somit mit der Angabe des Talmud Jeruschalmi, Taanith, 4, 4, den wir oben erwähnt, übereinstimmt. Es ist also deutlich erwiesen, daß der Talmud die ganze Ausdehnung von Palästina auf 40 Parsa berechnet hat. Solche Stellen, wo wichtige religiöse Normen behandelt werden, sind maßgebend. Zweitens. Im Talmud Taanith, 10a, und Baba Meziah, 28a lautet eine Stelle: "שואלין על הגשמים ט״ו יום אחד החג. בדי שיגיע אחרון שביִשראל לנהר פרת". "Man soll erst mit dem Gebete um Regen fünfzehn Tage nach dem Laubhüttenfeste beginnen, damit jeder Israelit, der nach Vorschrift das Fest in Jerusalem gefeiert, ungehindert selbst bis zum äußersten Ende des Euphrat, wenn er etwa da wohnt, gelangen kann." Der Talmud nimmt also von Jerusalem bis zum äußersten Ende des Euphrat nur fünfzehn Tagereisen an. Wenn Palästina allein nach der Interpretation des H. N. 160,000 Parsa, das 96,000 deutsche Meilen sind, enthielte, welcher Mensch könnte das in fünfzehn Tagen zurücklegen? Viertens endlich ein Beweis aus Talmud Ketuboth, 111a. Daselbst lautet eine Stelle: "Warum hat Joseph seine Brüder bemüht, seine Gebeine 400 Parsa weit zu tragen?" Hieraus ist wieder deutlich zu sehen, daß der Talmud von Egypten bis in das Herz Palästinas nur einfache 400 Parsa rechnet, was wohl seine Richtigkeit haben wird.

Seite 10 sagt H. N. in Note 3: "Les frontières sont appelées תחומי ou ספר (Talm. de Jér. Schebiith, VI, 1.)" Wir haben im ganzen Jeruschalmi für Grenze die Bezeichnung תרומי nicht gefunden. Möglich daß sich H. N. nur verschrieben und es תחומי lauten muß. Wir glauben jedoch, daß H. N., da er ausdrücklich die Stelle Schebiith, 6, 1 bezeichnet, wo das Wort תחומי, für Grenze gebraucht, vorkommen soll, das Wort תחום, das allerdings da erwähnt wird, für die Bedeutung "Grenze" genommen. Die Stelle lautet daselbst: "Rabbi Huna wollte die Stadt Sabluna für rein erklären, da kam er zu Rabbi Mana und sagte zu ihm:

הא לך חתום „Hier ist das Edict, worin ich die Stadt als eine zu Paläſtina gehörig betrachte, ausgefertigt, ſchreibe auch Deinen Namen darauf, daß Du mit mir übereinſtimmſt und meine Anſicht theilſt!" חתום heißt alſo hier: ein Edict, in welchem die Grenzen Paläſtinas verzeichnet ſtehen, vermöge dem eine gewiſſe Stadt als zu Paläſtina gehörig gerechnet werden ſoll. H. N. hat alſo das Wort חתום „Schriftſtück" für „Grenze" genommen und daraus den Plural חתומי gebildet. H. N. begeht aber in dieſer Note noch einen zweiten Irrthum. Er ſagt, daß daſelbſt der Talmud auch Grenze durch ספר bezeichnet. ספר heißt allerdings Grenze, aber nicht die Grenze zu Lande, ſondern die Grenze zu Waſſer und bedeutet im Allgemeinen einen Hafen. Im Talmud Erubin, 45a und Baba Kama, 83a lautet eine Stelle: נהרדעא עיר הסמוכה לספר „Naharbaa iſt eine nahe am Hafen gelegene Stadt." Auch das Targum überſetzt den Vers. Geneſ., 49, 13: „Sebulun wird am Meeresufer wohnen" durch ימא ספר על „an der Grenze des Meeres." Das Targum überſetzt aber niemals das Hebräiſche גבול mit ספר. Vergleiche auch Maimonides in ſeinem Commentar zur Miſchna, Sanhedrin, 1, 1. ספר heißt alſo nur die am Meere zu gelegene Grenze, während תחום die Grenze dem Feſtlande zu gelegen bedeutet. Der Talmud daſelbſt gebraucht, wo er von den Grenzen dem Meere zu gelegen ſpricht, ספר, während er in demſelben Abſchnitte, wo er von den Hauptgrenzen ſpricht, nur תחום gebraucht.

Seite 11 ſpricht H. N. über Ascalon und ſagt: „Ascalon même n'était pas considéré comme Terre d'Israël." Daſſelbe wiederholt H. N. Seite 89 und ſagt: „Ascalon ne fut pas admise par les Talmudistes comme ville d'Israël sous maint point de vue des observances religieuses, elle fut considérée comme ville frontière du sud." Im Talmud Jeruſchalmi, Schebiith, 6, 1. den H. N. zur Tabelle 1. anführt, wird doch ausdrücklich geſagt, daß Ascalon zu Paläſtina gehört! Zur Freude des H. N. müſſen wir conſtatiren, daß auch der große Maimonides in ſeinem Jad Hachſakah, Helachoth Therumoth,

1, 9, sich verschrieben und Ascalon als nicht zu Palästina gehörig betrachtete. Allein Rabbi Joseph Caro in seinem Commentar „Kesef Mischne," der dem Jad Hachsakah beigedruckt ist, fragt schon: „wie konnte Maimonides die Stelle im Jeruschalmi und die Stellen in Jesua und im Buche der Richter, wo Ascalon Palästina beigezählt wird, übersehen?" Und Rabbi Joseph Caro bemüht sich auf scharfsinnige Weise Maimonides zu rechtfertigen. Maimonides Worte lauten: „Akko wird als nicht zu Palästina gehörig, wie Ascalon, betrachtet." Nun sagt Rabbi Joseph Caro: „Im Talmud Jeruschalmi daselbst, so wie im Talmud Babli, Gittin, 7b, wird gesagt, daß Akko getheilt war, die eine Hälfte wurde als zu Palästina gehörig und die andere Hälfte als nicht dazu gehörig betrachtet, ebenso war auch Ascalon getheilt, und das meint wahrscheinlich Maimonides, da er es doch mit Akko vergleicht und in eine Kategorie stellt." Es ist nur merkwürdig, wie H. R., der diese Stelle aus Maimonides auf Seite 292 in Note 4 citirt und zweifelsohne den Rabbi Joseph Caro daselbst gesehen, geradezu sagen konnte: „Ascalon wird nicht zu Palästina gerechnet"! Allein wir werden in der zweiten Abtheilung nachweisen, daß H. R. weder den Jeruschalmi, den er zu Tabelle 1 anführt, noch den Maimonides, den er Seite 292 erwähnt, im Original gesehen, sondern alle diese Stellen abgeschrieben.

Seite 11 giebt H. R. eine Tabelle, auf der die Grenzen Palästinas, noch einem Auszug aus Jeruschalmi, Schebiith, 6, 1, nach Nummern aufgezählt werden. I. (אשקלון) פרשת. II. חומת מגדל שיד ושינא. Nun wollen wir die Stelle, wie sie wörtlich im Talmud lautet, anführen: פרשת חומת מגדל שיד ושינא דרור... H. R. hat חומת hinüber zu מגדל gezogen, es zu einem Orte gemacht und glücklich herausconficirt: חומת מגדל שדשינא. Da blieb ihm aber das eine Wort פרשת, das „Umgegend" bedeutet, übrig, und er wußte nichts damit anzufangen. Doch die Noth macht erfinderisch und er supplirte dazu אשקלון und liest: פרשת אשקלון „die Umgegend von

Ascalon." Allein wir glauben mit Sicherheit beweisen zu können, daß unmöglich פרשת אשקלון stehen kann und es gewiß ein Fehler ist, wenn auch die Tosiftha diese Leseart hat. פרשת אשקלון. "Die Umgegend von Ascalon," wäre also in Nummer I aufgezählt; wir finden doch aber in derselben Stelle des Jeruschalmi, und bei H. N. in Nummer 40, wieder וגניא דאשקלון, welches auch "die Umgegend von Ascalon" heißt, wie würde der Talmud in einer und derselben Stelle zweimal dieselbe Grenze nennen? Es ist daher sicherlich und bestimmt פרשת חמת "Der Weg nach Chamath," nämlich Cölesyrien, zu lesen. Im Talmud bedeutet פרשת דרכים "eine öffentliche Straße," und פרשת חמת "der Weg nach Chamath," würde ganz genau dem לבוא חמת, Numeri 13, 12 entsprechen. H. N. hat aber dadurch noch einen zweiten Irrthum begangen; denn er sagt Seite 11: פרשת singnifie les environs de cette ville," das entschieden falsch ist. פרשת heißt: "offene Straße," "Heerstraße," "sich theilende Wege," aber niemals die Bedeutung von "Umgegend." Da es aber H. N. so braucht, so muß es für dies mal nothgedrungen diese Bedeutung haben!

Seite 20 spricht H. N. über den im Jeruschalmi, Schebiith, 6, 1 erwähnten Ort קנת und sagt: „קנת est probablement la ville de Canath que saint Jérôme place la province de Trachonide, non loin de Bostra." Das kann unmöglich diese Stadt gemeint sein, weil die aus Babylonien heimgekehrten Exulanten nicht so weit vorgedrungen sind. Wir glauben vielmehr, daß es die bei Joseph., Ant., 15, 5, 1 erwähnte Stadt Κανώ, die er in den jüdischen Kriegen, 1, 19, 2 wieder Κάναϑα nennt, ist.

Seite 21 übersetzt H. N. גניא דאשקלון "les jardins d'Ascalon." H. N. glaubte, daß das im Talmud oft erwähnte גניא vom hebräischen גן "Garten" abstamme, das ein Irrthum ist. גניא heißt aber im Talmud nicht "Garten," sondern "Umgegend" und kommt aus dem Griechischen γωνία, eigentlich der Winkel, dann auch die Umgegend. גניא דאשקלון muß da-

her übersetzt werden: „Die Umgegend von Ascalon." Der
Talmud will doch nicht von den Gärten, sondern von der Umgegend der Stadt Ascalon sprechen und sagt, daß die Umgegend
als zu Palästina gehörig zu betrachten sei. H. N. müßte denn
erst beweisen, daß Ascalon viele Gärten in der Nähe hat, was
ihm zu beweisen denn doch sehr schwer fallen dürfte.

Seite 49 wird über die Ebene von Scharon gesprochen,
und H. N. sagt daselbst: „Le jour de Kippour, dans sa prière
pour le peuple, le grand-prêtre ajoutait un paragraphe
spécial pour les habitants de Sharon et disait: „Dieu veuille
que les habitants de Sharon ne soient pas ensevelis dans
leurs maisons." Le Talmud (Taanith, 22b) rapporte une
prière semblable faite pour les Juifs de Babylonie demeu-
rant dans les contrées où les maisons sont également me-
nacées de ruine par la pluie." H. N. sagt also, daß am
Versöhnungstage vom Hohenpriester auch ein Gebet für die
Juden in Babylonien verrichtet wurde, auf daß ihre Häuser
nicht ihre Gräber werden sollen. Daß wir uns aber in der
Auffassung, daß H. N. dies sagt, nicht irren, beweisen seine
Worte zu Seite 333, wo er über Babylonien spricht, welche
lauten: „Plus d'une fois les habitants, surpris par l'inonda-
tion ont du avoir de la peine à échapper aux flots. Le
Talmud (Thaanith, 22b) fait sans doute allusion à cette
calamité, quand il dit que la grand-prêtre récitait pour les
habitants de ces contrées la prière suivante: „Fasse Dieu
que leurs maisons ne deviennent pas leurs tembes." Nous
avons rencontré une prière analogue pour les habitants
de la plaine de Sharon." Hier spricht also H. N. deutlich
aus, daß der Talmud sagt: „Der Hohepriester hätte am Versöhnungstage auch ein ähnliches Gebet für die Babylonier verrichtet." Von alldem kommt aber kein Wort im Talmud vor.
Wir wollen daher die betreffende Stelle aus Taanith, 22b wörtlich anführen und eine ganz getreue Uebersetzung geben. Die
Stelle lautet: שעה שכהן גדול אנשי משמר שולחין "

לאנשי מעמד תנו עיניכם באחיכם שבגולה שלא יהא בתיהם קבריהם. „In einem Jahre, wo häufige Regengüsse waren und zu befürchten stand, daß die Häuser durch Regenmenge könnten unterwühlt werden, da berichteten diejenigen, denen die Aufsicht über den Tempel anvertraut war, an die Tempelbeiständde: „Richtet euer Augenmerk auf eure Brüder, die in Babylonien leben, auf daß ihre Häuser nicht ihre Gräber werden!"" Vom Hohenpriester, oder vom Versöhnungstage ist hier gar nicht die Rede. Es war das auch kein Gebet, wie das für die Bewohner von Sharon, sondern eine Ermahnung zur Vorsicht, um etwa einer hereinbrechenden Calamität vorzubeugen. Allerdings sagt. Raschi zur Stelle, daß es eine Aufforderung zum Gebete für die Bewohner von Babylonien war, allein aus der Form, wie der Talmud diese Ermahnung an die Tempelbeiständde ergehen läßt, ist zu ersehen, daß es sich hier um materielle, aber nicht um geistige Abhülfe handelt. Wie soll man sich aber diese Entstellung, oder vielmehr diese Fälschung des Talmuds erklären? Es giebt nur eine Entschuldigung, wenn das überhaupt entschuldigt! H. N. hat die Stelle im Talmud nicht gesehen, sondern sie einem Andern nachgeschrieben, und die Aehnlichkeit der Form hat ihn glauben gemacht, daß der Hohepriester am Versöhnungstage auch dieses Gebet verrichtet. Daß wir aber auch den richtigen Grund errathen haben, das werden wir in der zweiten Abtheilung nachweisen, daß H. N. diesen ganzen Artikel wörtlich einem Andern nachgeschrieben und unmöglich die Stelle im Original gesehen hat.

Seite 62 citirt H. N. eine Talmudstelle, Sanhedrin, 11b, wo erzählt wird, daß Rabbi Gamliel durch seinen Secretair Johanan ein Sendschreiben an die Bewohner Palästinas befördern ließ, und sagt in Note 5: La leçon la plus correcte se trouve dans la Tesiftha ויתהן סופר הלך לפניהם. Le mot הלך, daes les autres rédactions, ne donne pas de sens." Wir begreifen nicht, warum H. N. sagt, daß das Wort הלך keinen Sinn giebt. Allerdings, so wie H. N. die Stelle citirt, giebt es keinen rechten Sinn. Die Stelle in Sanhedrin, 11b lautet: ויוחנן סופר הלז עומד לפניו „und Johanan der Schreiber stand vor ihm." הלז bedeutet „dieser", der bekannte, der oft als Secretair des Rabbi Gamliel genannt wird. In Note 6 daselbst fährt H. N. fort: „ce secrétaire est appelé, d'après M. Graetz (Gesch. der Juden, Th. III. p. 274) Johanan ben Nazouf (יוחנן בן נזוף?). Wenn wir H. N. recht verstehen, und wir glauben ihn zu verstehen, so ist mit dem Fragezeichen gemeint, wo die Stelle im Talmud sich findet, wo Johanan der Schreiber auch יוחנן נזוף „Johanan Nasuf" genannt wird, weil sie merkwürdiger Weise H. Grätz nicht angiebt. Es ist wirklich auffallend, daß H. N., der über den Gegenstand geschrieben und die Talmuden genau durchsucht, die Stelle nicht gefunden! Es ist wieder zu ersehen, daß H. N. nur anzugeben weiß, wo ihm vorgearbeitet wurde; allein da zufällig Grätz das Citat nicht genau angegeben, so weiß auch H. N. nicht. Die Stelle ist: Tosiftha, Sabbath, c. 14. Uns ist keine zweite Stelle bekannt, wo Johanan Nasuf vorkommt, und wahrscheinlich hat auch Grätz diese Stelle vorgeschwebt. Allein wir bedauern, dem fleißigen Grätz hier ein Versehen nachweisen zu müssen. Alle Talmudstellen, wo über Johanan den Schreiber, gesprochen wird, beziehen sich auf Rabbi Gamliel, den ältern, dessen Schreiber Johanan war, während in der erwähnten Tosiftha von Gamliel, dem jüngern, der ein Enkel des Rabbi Gamliel des ältern war, wie in der Tosiftha daselbst ausdrücklich gesagt wird, die Rede ist! H. Grätz hat die Stelle daselbst für die von Rabbi Gamliel den ältern genommen und deshalb die beiden Johanan — es ist wohl nur ein Spiel des Zufalls, daß sie beide gleiche Namen haben, — die gewiß verschiedene Personen sind, da es doch nicht wahrscheinlich ist, daß derselbe auch bei seinem Enkel als Schreiber angestellt war, confundirt. Möglich aber, daß Grätz noch eine andere Stelle bekannt ist, wo יוחנן נזוף erwähnt wird, und die ausdrücklich auf Rabbi Gamliel den ältern hinweist.

Seite 65 citirt H. N. eine Talmudstelle, Baba Bathra, 25b und überſetzt ſie: „Un proverbe talmudique dit: quiconque veut acquérir de la science s'en aille vers le sud; qui veut s'enrichir se rende vers le nord." Nun wollen wir die Talmudſtelle wörtlich anführen und eine getreue Ueberſetzung davon geben: הרוצה שיחכים דרים ושיעשיר יצפין „וממנך שולחן בצפון ומנורה בדרום, „wer weiſe zu werden wünſcht, der wende ſein Geſicht beim Gebete nach Süden; wer hingegen reich zu werden wünſcht, der wende ſein Geſicht beim Gebet nach Norden, und als Zeichen merke Dir: Der Tiſch mit dem Schaubrode, das Sinnbild des Reichthums und der Fülle, ſtand im Tempel zur Nordſeite, der Leuchter hingegen, das Sinnbild der Weisheit, ſtand auf der Südſeite!" Im Talmud kommt alſo kein Wort vom Gehen nach Norden oder Süden vor, ſondern es wird nur von der Richtung, die der Betende bei ſeinem Gebete, je nachdem der Gegenſtand, um den er fleht, beſchaffen iſt, einnehmen ſoll, geſprochen. Wenn im Talmud die Rede ſein ſollte über die Reiſe, die der Menſch machen ſoll, in welchem Sonner ſteht das mit dem Tiſche und dem Leuchter, wie ſie im Tempel geſtanden haben? Allein der Talmud ſpricht vom Gebete, und deshalb verweiſt er ſymboliſch auf die heiligen Geräthe im Tempel.

Seite 76 überſetzt H. N. das in der Miſchna, Maaſer ſcheni, 5, 2 erwähnte כרם רבעי „le vignoble carré." Wir haben ſchon in unſerer erſten Schrift, Seite 7, ausführlich über dieſen Irrthum geſprochen. Wir ſehen uns veranlaßt hier noch einmal darauf zurückzukommen, weil wir, als bereits unſere Arbeit erſchienen war, aufmerkſam gemacht wurden, daß H. N. ſelbſt dieſen Irrthum in einem Nachtrage berichtigt. Man ſieht daraus, daß er ſchon von einer anderen Seite aufmerkſam gemacht worden iſt. Er windet und krümmt ſich unter der Wucht des peinlichen Gefühles, ſo etwas niedergeſchrieben zu haben, und er ſucht den Irrthum durch folgende Worte zu beſchönigen: „Nous croyons toutefois que la surface de ces sortes de jardins était carrée." Nach unserer Meinung hätte es H. N. lieber beim ersten Irrthum bewenden lassen sollen, weil er durch die Berichtigung wieder einen zweiten Irrthum begangen, der dem erstern die gleiche Wage hält. Die Mischna, Parah, 1, 1 lautet: „Es frugen die Schüler: was bedeutet כרם רבעי? Und der Lehrer antwortete: „So habe ich's gehört und weiß nichts Näheres darüber!" Da sagte Ben Asai: „ich will es erklären." „Wenn כרם רביעי stünde, so würde es „vier Weingärten" bedeuten, da aber כרם רבעי steht," so hat es die Bedeutung: ein Weingarten im vierten Jahre seiner Entstehung." Merkwürdig ist nur, daß H. N. in der Note daselbst wirklich כרם רביעי schreibt, was nach der Erklärung der Mischna entweder „vier Weingärten," oder einen „viereckigen Weingarten" bedeuten würde. Wenn H. N. von der Mischna, Parah, 1, 1 Kunde gehabt hätte, so würde er gewiß diese Berichtigung unterlassen haben!

Seite 80 sagt H. N.: „Il est question aussi dans la Mischna, Gittin 1, 1 d'un Kefar Lodim qui, sous certains points de vue de l'observance religieuse, n'appartenait plus à la Palestine. Kefar Lodim ne peut être un faubourg de Lod, comme le pense M. Loew (Ben Hanangah année 1863) puis qu'alors cet endroit aurait fait partie de la Palestine." Dieser Beweis ist soviel als gar kein Beweis. Eine Stadt kann zu Palästina gehören, während die Vorstadt als außerhalb Palästinas gelegen angesehen werden kann. Im Jeruschalmi, Schebiith 6, 1 und in Babli, Gittin 7b wird sogar Akko selbst getheilt, die eine Hälfte gehört zu Palästina und die andere Hälfte zu Babylonien. Uns liegt der Ben Chananja zur Einsicht nicht vor, und wir müssen staunen, wie ein Gelehrter, wie Löw, dies sagen konnte! Nun wollen wir beweisen, daß Kefar Lobim ziemlich weit entfernt von Lod war. Im Talmud Gittin 4a lautet eine Stelle: אמר רבה בר בר חנה לדידי הזו לי ההוא אתרא והוי במבי טובי לפומבדיתא „Rabba bar bar Hanah sagt: „mir ist der Ort Kefar Lobim gezeigt worden und er liegt von Lod so weit entfernt, wie Beh Kubah von

Pumbeditha." Nun soll erwiesen werden, wie weit entfernt Beh Kubah von Pumbeditha war. Im Talmud, Sukah, 26b lautet eine Stelle: „אביי הוי ניים כדמעייל מפומבדיתא לבי כובי קרי עליה ר' יוסף עד מתי עצל תשכב מתי תקום משנתיך" Abbaye hatte so lange geschlafen, als man den Weg von Beh Kubah nach Pumbeditha zurücklegen konnte, und da wandte Rabbi Joseph den Vers (prov. 6, 9): „Wie lange o Träger schläfst du, wann wirst du dich vom Schlafe erheben!", auf ihn an," und Raschi erklärt zur Stelle, daß, nach einer Angabe des Talmuds, die Entfernung von Beh Kubah nach Pumbeditha 6 Parsa betrug. Raschi giebt nicht an, wo die Stelle sich im Talmud findet. Schon Rabbi Czechiel Landau in seinem Werke „Nodah Bijehuda," sect. II, resp. 16, wurde von Rabbi Jesaias Pick befragt, wo diese von Raschi angeführte Stelle sich im Talmud findet. Allein er sagt, daß auch ihm diese Stelle nicht bekannt sei, und wahrscheinlich habe Raschi dies aus einem Midrasch, der uns verloren gegangen, genommen. Wir glauben jedoch, die Stelle, die Raschi im Sinne hatte, gefunden zu haben. Im Talmud, Megillah, 6a lautet eine Stelle: „Rabba bar bar Hanah sagt: „Die Milch und der Honig, die Palästina erzeugt, nehmen einen Raum, wie die Entfernung von Beh Kubah nach Acra Tulbanki, ein," und der Talmud sagt daselbst, daß die Entfernung dieser beiden Städte 6 Parsa beträgt." Wir glauben mit Gewißheit beweisen zu können, daß anstatt Acra Tulbanki „Pumbeditha" zu lesen sei, zumal der Erzähler derselbe Rabba bar bar Hanah ist, den wir oben aus Talmud, Gittin, 4a angeführt. Es würde uns zu weit führen, und es liegt auch abseits unseres Zweckes, hier näher darauf einzugehen. Jedoch soviel resultirt aus der Talmudstelle, Sukah, 26b, daß Beh Kubah ziemlich weit entfernt von Pumbeditha lag, denn sonst würde ihn Rabbi Joseph seines langen Schlafens halber nicht getadelt haben. Es ist somit deutlich erwiesen, daß Kefar Lubim keine Vorstadt von Lud sein konnte. Merkwürdig ist nur, daß H. N. auf Seite 352, wo er über Acra Tulbanki spricht, die Stelle aus Sukah, 26b nicht anführt! Allein da wir im zweiten Theile nachweisen werden, daß der ganze Artikel daselbst wörtlich Rapoport's „Erech Millin", Seite 190, nachgeschrieben ist, und merkwürdiger Weise auch der große Gelehrte Rapoport diese Stelle nicht erwähnt, somit konnte sie selbstverständlich auch H. N. nicht anführen.

Seite 81 spricht H. N. über den in der Mischna, Menachoth, 6, 2 erwähnten Ort גנות צריפין. Daß dies aber kein Druckfehler sein kann, das beweist H. N. selbst, indem er das Wort mit „les jardins de Cerifin" übersetzt. In der Mischna daselbst steht aber גגות צריפין, Gagoth Zerifin, und nicht גנות צריפין, Ganoth Zerifin, wie H. N. las. Ein Beweis aber, daß der Ort Gagoth Zerifin heißen muß, ist aus dem Talmud daselbst gegeben. Es wird daselbst erzählt: „Man war einmal in Jerusalem in Verlegenheit, das Omer (die Erstlinge des Getreides) am Passahfeste nicht darbringen zu können, weil das Getreide noch nicht reif war. Man ließ daher in Jerusalem ausrufen: „Wenn irgend Jemand von einem Orte, wo das Getreide schon reif geworden, Kenntniß hat, der möge dies anzeigen." Da kam ein Stummer und gab durch Zeichen zu verstehen, daß in dem Orte גגות צריפין, Gagoth Zerifin, das Getreide schon reif geworden. Er machte sich dadurch verständlich, indem er mit der einen Hand auf ein Dach und mit der andern Hand auf eine Binsenhütte wies, und da merkte man, daß er Gagoth Zerifin meint; denn גגות heißt „Dach" und צריפין „Binsenhütte." Wenn der Ort, wie H. N. gelesen, גנות צריפין und nach seiner Uebersetzung, „die Gärten von Zerifin," geheißen hätte, so müßte ja dieser Stumme auf einen Garten, und nicht auf ein Dach gezeigt haben!

Seite 82 spricht H. N. über בני ברק, Bene Berak, und weiß über diesen wichtigen Ort nichts mehr als zwei Talmudstellen anzugeben. Wir werden im zweiten Theile schlagend nachweisen, wem H. N. das nachgeschrieben. Das ist somit Alles, was H. N. über diesen wichtigen Ort zu sagen weiß. Nun wollen wir eine kleine Probe geben, wie man eine Geographie des Talmuds wissenschaftlich behandelt. Das biblische בני ברק, nach Josua, 19, 45, im Stamme Dan gelegen, existirt nach der Peschito gar nicht; denn sie hat dafür בעל דבך. Die Sept. dagegen hat Βαrηβαρχα. Aus der letzten Form macht Eusebius zwei Städte, Barη, S. 98, edit. Larsow und Βαραχ, S. 100. Nach Josua bleibt der Ort in allen biblischen Schriften unerwähnt, und erst um 120 v. Chr. kündigt er sich wieder als nomen gentile in יששכר איש כפר ברקאי, im Talmud Chritoth zu Ende, an. Wir haben somit zwei Oerter dieses Namens, eine בני ברק und ein כפר ברק, wovon letzteres das von Eusebius bei Aschdod sein kann, während das erstere zwischen Lod und Jaffa zu suchen ist. Später, um 100 n. Chr., tritt dieser Ort glanzvoll durch Rabbi Akibah hervor, der dort viele Jahre, mindestens 13, nach einer Angabe des Midrasch, Lev rabba, c. 21 gelehrt hat, und auch am Passahfeste seine alten Lehrer bei sich sah. Vergl. die alte Originalstelle in der Haggada schel Pesach zu Anfang. Andere Stellen über die Lehrthätigkeit des Rabbi Akibah in Bene Berak s. Gittin, 57b; Baba Bathra, 154 a b; Sanhedrin, 96b; Semachoth, c 2, 5. Eine wichtige Stelle giebt Nachricht über die Bodenbeschaffenheit des Ortes gegen Ende des 3. Jahrhunderts n. Chr. Es lautet eine Stelle im Talmud, Ketuboth, 111b: Rami, der Sohn Ezechiels, kam nach Bene Berak, dort sah er Ziegen unter Feigenbäumen weiden, und als er sah, wie aus den Feigen der Zuckersaft und aus den Eutern der Ziegen die Milch träufelte, da rief er aus: „Sieh' da das Land, das von Milch und Honig fließt!" Aus dieser Stelle ist zu ersehen, daß gegen Ende des 3. Jahrhunderts die Hochschule dort in Blüthe sein mußte, da Babylonier dahin zogen. Aus jener Zeit ungefähr datirt auch die Empfehlung dieser Schule, vergl. Sahedrin, 32b. Nach einer Leseart in Aboab, Menorath ha-Maor, §. 304, lehrte um jene Zeit auch der Babylonier ר׳ שמואל בר שילת daselbst. Nach dem Gesagten kann man auf dem Wege der Vermuthung so weit gehen, anzunehmen, daß es ein nördliches בני ברק und ein südliches כפר ברק gab, die Existenz des nördlichen um 300 n. Chr. wird von רמי בר יחזקאל, die Existenz des südlichen um dieselbe Zeit wird von Eusebius bezeugt.

Zur selben Seite citirt H. N. eine Mischna, Menachoth, 9,:7, welche lautet: מאין היו מביאין את היין קרוחים ועטולים אלפא ליין שניה להן בית רימה ובית לבן בהר וכפר סיגנא בבקעה und H. N. übersetzt diese Stelle so: „Les meilleurs vins provenaient de Kerouhim et de Hethoulim; en deuxiéme rang se placent ceux de Beth Rimah, de Beth Laban, endroits situés sur la montagne et de Kefar Signah qui se trouve dans la plaine." H. N. hat das Wort בהר auf alle 4 Ortsnamen bezogen, wie er ausdrücklich in Note 8 daselbst sagt: „Nous croyons que le mot בהר se rapporte à tous les quatre endroits. Le meilleur vin provient en effet des coteaux, surtout quand ils sont situés au sud." Hier hat H. N. wieder einen großen Irrthum begangen. Das Wort בהר kann sich nur auf die beiden letztgenannten Oerter, auf Beth Rimah und Beth Laban, beziehen, da doch der Talmud den Wein, der in den beiden genannten Städten in der Ebene gedeiht, vom Opferdienste ausschließt, so daß Kefar Signah, dessen Wein nur gebraucht werden darf, wenn er in der Ebene wächst, ein Gegensatz zu den beiden vorigen Städten bildet. Der Talmud sagt ja doch, daß Keruchim und Hatulim den ersten Rang einnehmen, weil sie vorzügliche Weine erzeugen, gleichviel ob er in der Ebene, oder auf dem Berge wächst, Beth, Rimah und Beth Laben hingegen nur einen zweiten Rang einnehmen, weil daselbst der Wein, der nur auf dem Berge gedeiht, gut ist, hingegen der von Kefar Signah, nur wenn er im Thale wächst, zum Opferdienst gebraucht werden darf. Daß H. N.'s Deduction, „daß der beste Wein nur auf der Höhe gedeiht," falsch ist, ist doch aus der angeführten Talmudstelle selbst zu ersehen, indem der Talmud den Wein, der in Kefar Signah auf dem Berge wächst, vom Opferdienste ausschließt.

Seite 86 wird über אנטיפטרים, Antipatris, gesprochen, und da citirt H. N. eine Stelle aus Talmud, Joma, 69a: „Les Juifs vont à la rencontre d'Alexandre-le-Grand jusqu'à Antipatris." Hier hat wieder H. N. eine Talmudstelle, die als Beitrag zur Geschichte sehr wichtig ist, falsch angegeben, indem er sagt, daß die Juden Alexander ihre Aufwartung machten. Im Talmud wird erzählt, daß der Hohepriester שמעון הצדיק, Simon der Fromme, allerdings mit einem Gefolge, Alexander dem Großen, entgegenging, um die Anklage, die die Samaritaner gegen die Juden bei ihm vorgebracht, abzuschwächen. „Der König", berichtet der Talmud, „habe den Hohenpriester Simon mit besonderer Auszeichnung empfangen, und sich sogar vor ihm verneigt, so daß seine Umgebung, erstaunt darüber, sagte: מלך גדול כמותך ישתחוה ליהודי, Wie, ein so großer und mächtiger König bückt sich vor einem Juden?" Und der König antwortete: „Auf allen meinen Siegen hat mich diese Gestalt begleitet!" Von dieser Begegnung des Hohenpriesters mit Alexander, die mit fabelhaften Zusätzen von den Talmudisten ausgeschmückt wurde, wird auch in Megillath Taanith, c. 9 erzählt. Wir begreifen aber nicht, wie H. N., der so oft dem Talmud geographische Unwissenheit vorwirft, hier, wo wirklich im Talmud ein großer Fehler sich eingeschlichen, so stillschweigend darüber hinweggeht! Im Talmud daselbst wird erzählt: „Der Hohepriester Simon hörte von dem Anzuge des Alexanders auf die Stadt Jerusalem, und da begab er sich mit seinem Gefolge auf den Weg. Da es bereits Abend geworden war, nahmen sie Fackeln in ihre Hände, und als die Sonne aufging, traf der Hohepriester Simon mit Alexander bei Antipatris zusammen." In Gittin, 76a wird gesagt, daß Antipatris nicht weit von Galiläa liegt, und somit von Jerusalem eine Entfernung von beinahe drei Tagereisen ist. Wie ist es nun möglich, daß sie in einer Nacht diesen weiten Weg zurückgelegt hätten? Wie konnte H. N., der eine Geographie des Talmuds schreibt und die angeführte Stelle doch gesehen hat, über diesen Irrthum hinweggehen? Wir glauben, daß hier nur der Fehler eines falschen Copisten vorliegt, und eine Stelle bei Josephus, Ant., 11, 8, 5 beleuchtet zur Genüge die dunkle Stelle im Talmud. Bei Joseph. wird diese Geschichte ebenso wie im Talmud erzählt, und die Stelle daselbst lautet: πυδόμενος δὲ αὐτὸν οὐ πόρρω τῆς πόλεως ὄντα, πςόεισι μετὰ τῶν ἱερέων καὶ τοῦ πολιτικοῦ πλήδους ἱεροπρετῆ καὶ διαφέρουσαν τῶν ἄλλον ἐδνῶν, ποιούμενος τὴν ὑπάντησιν εἰς τόπον τινὰ Σαφὰ λεγόμενον. τὸ δὲ ὄνομα τοῦτο μεταφερόμενον εἰς τὴν Ἑλληνικὴν γλῶτταν σκοπὴν σημαίνε. τά τε γὰς Ἱεροσόλυμα καὶ τὸν ναὸν ἐκεῖδεν συνέβαινεν ἀφορᾶσδαι. Der hier bei Joseph. erwähnte Ort Σαφὰ, der wahrscheinlich vom hebräischen צפה, „schauen" abstammt, ist gewiß derselbe Ort, der in Pesachim, 49a als כפר צופים erwähnt wird, und von dem es heißt, daß man von diesem Orte Jerusalem sehen kann. Wahrscheinlich deshalb auch צופים, „Warte" genannt. Es wäre somit כפר צופים statt אנטמטרדם zu lesen, und das würde stimmen, daß sie die ganze Nacht gingen bis sie zu diesem Ort gelangten.

Seite 89 spricht H. N. über das in II. Chron. 28, 18 erwähnte גמזו und sagt: „Les Talmuds la mentionnent comme ville natale d'un certain Nahoum. Ce Nahoum, dit le Talmud, Taanith, 21a, avait pour maxime que Dieu dirige toutes choses pour le mieux. Lui arrivait-il un désagrément ou un malheur, il avait pour coutume de dire philosophiquement: „Ceci également est pour le bien." C'est là un jeu de mots sur le nom de la ville de גמזו et l'expression גם זו „ceci aussi." Hier hat wieder H. N. die Stelle im Talmud falsch verstanden. Die Stelle lautet so: „Es wird ein Nahum Gamsu erwähnt, und der Talmud fragt, warum er גמזו genannt wird? und der Talmud antwortet: „Weil stets sein Wahlspruch war: גם זו לטובה „auch dies ist zum Guten!" Wenn

Nahum aber deshalb „Gamſu" genannt wurde, weil er aus dieſer Stadt war, was fragt der Talmud? Und dann, warum antwortet nicht der Talmud, daß er deshalb „Gamſu" genannt wird, weil er aus der Stadt Gimſu war? Der Talmud giebt jedoch eine andere Erklärung dieſes Namens, es iſt alſo erwieſen, daß er nicht aus dieſer Stadt war. Allein wir glauben noch deutlichere Beweiſe geben zu können, daß er unmöglich kann „Gamſu" heißen, weil er aus dieſer Stadt war. Der Talmud bezeichnet größtentheils die nach der Stadt benannten Perſonen mit בן oder בר, analog dem Hebräiſchen, das auch durch das vorgeſetzte בן, wie המן בן המדתא, Haman aus Hamadan, das ausdrückt. So z. B. ר"י בן דרמסקום, Rabbi Joſe aus Damaskus; בר קפרא, Einer aus Kafrah; ר"י בר קצרא, Rabbi Joſe aus Kazrah. Ein Beweis, daß der Talmud unter בן oder בר, geboren in einer Stadt, verſteht, iſt aus Jeruſchalmi, Abodoch Sarah, 1, 1 gegeben. Es heißt daſelbſt: „Jeſaias, 7, 6 lautet ein Vers: „Wir wollen zum König einſetzen den Sohn Tobal", und der Talmud ſagt daſelbſt: „wir haben nachgeſucht und haben keinen Ort Namens Tobal finden können." Es iſt alſo erwieſen, daß der Talmud unter Vorſetzung des Wortes בן, „gebürtig aus einer Stadt," verſteht. Die Bezeichnnng für das nommen gentile kann aber im Talmud noch auf eine zweite Art geſchehen, und zwar durch das vorgeſetzte ה, wieder analog dem hebräiſchen gebildet, wie יפתח הגלעדי, Jeftah aus Gilead. So z. B. נתאי הארבלי, Nitha aus der Stadt Arbel; ר"י הגלילי, Rabbi Joſua aus Galiläa; ר"י הגרסי, Rabbi Joſua aus Garſis; vergl. auch Joma, 52b: הוא יוסף הבבלי הוא יוסף איש הוצל, Joſeph der Babylonier, das iſt derſelbe aus der Stadt Hozal. Wenn alſo Nahum aus Gimſu geweſen wäre, ſo hätte er entweder בן גמזו oder הגמזו heißen müſſen; es iſt ſomit gewiß, daß Nahum nur ſeines Spruches halber ſo genannt wurde. Im Talmud Jeruſchalmi, Schekalim 5, 15 wird auch dieſer Nahum Gamſu erwähnt, und aus welcher Stelle zu erſehen iſt, daß er

feiner Handlungsweise halber so genannt wurde. Bei dieser
Gelegenheit sei zugleich erwähnt, daß H. N. zu Seite 351 denselben Irrthum begeht. H. N. sagt in Note 3 daselbst: „On
mentionne dans le Talmud, Baba Mecia, 85b שמואל ירחינאי.
Il est possible que Samuel ait été originaire d'une ville
dont le nom était composé avec le mot ירח." Er hätte
aber dann nicht שמואל ירחינאי sondern שמואל הירחינאי
heißen müssen.

Seite 126 citirt H. N. in dem Artikel über Hebron die
Mischna, Joma 3, 1 האיר פני כל מזרח עד שבחברון und
übersetzt die Stelle so: „La Mischna dit qu'avant d'offrir
au Temple le sacrifice du matin, on demandait aux personnes chargées d'annoncer le jour, s'il faisait clair jusqu'à
Hébron." Hier müssen wir wieder H. N. nachweisen, daß er
die Mischna nicht zu lesen verstand, indem er die Frage vom
folgenden Satze zum ersten Satze zog, und die Antwort im
Nachsatze, die er gar nicht citirt, allein stehen ließ. Wir wollen
daher eine ganz getreue Uebersetzung dieser Mischna geben. Die
Mischna sagt daselbst, daß die Leute, denen es oblag, zu verkünden, daß der Tag bereits angebrochen, weil man in der Nacht
nicht opfern durfte, auf eine Anhöhe stiegen und zu denen, die
unten standen, sagten: האיר פני כל מזרח, „Der Morgen ist
bereits angebrochen!" Da frugen die unten Stehenden:
עד שבחברון. „Sieht man schon bis nach Hebron hin?" und
die oben Stehenden antworteten wieder: הן, „Ja!" H. N. hat
aber die Frage: עד שבחברון zu dem Vordersatze gezogen und
ließ die Antwort: והוא אומר הן als besonders für sich stehen,
das keinen Sinn giebt. Doch ist kein Zweifel daran, daß die
Mischna so gelesen werden muß, weil der Talmud daselbst, 28b
diese Erklärung giebt und ausdrücklich sagt, daß עד שבחברון
eine besondere Frage war, die die unten Stehenden an die oben
Stehenden gerichtet. Vergl. Maimonides in seinem Commentar
zur Mischna daselbst und die Mischna, Thamid, 3, 2, wo der

Commentar daselbst diese Erklärung als die einzig richtige angiebt. H. N. hat aber in diesem Artikel noch einen zweiten
Irrthum begangen, und zwar deßhalb, weil er zu flüchtig gearbeitet und die Stellen im Talmud nicht verglichen hat. Er
sagt zwei Zeilen weiter: On ne peut alors expliquer le passage de la Mischna qu'en plaçant Hébron sur une hauteur
que l'aube blanchissait avant les plaines de l'est." H. N.
haben die Worte עד שבחברון, die allerdings keinen rechten
Sinn geben, gestört. Denn wozu war die Frage: „Ob
der Tag schon bis nach Hebron hin angebrochen ist?" Allein
warum hat H. N. den Jeruschalmi daselbst, der ihm über diese
dunkle Stelle Aufklärung gegeben hätte, nicht verglichen? Im Jeruschalmi, Joma, 3, 1 wird dieselbe Mischna angeführt, und der Talmud
fragt: wozu war die Frage, ob der Tag schon bis nach Hebron
hin angebrochen sei?" Und der Talmud antwortet: „man hat
deshalb den Ort Hebron genannt, um das Verdienst der
Stammväter, die in Hebron begraben sind, in Erinnerung zu
bringen." Es war also gleichsam die Tagesparole, den Ort,
wo die Ahnen begraben sind, vor dem üblichen Gottesdienste zu
nennen!

Seite 130 citirt H. N. eine Tosiftha, Menachoth, c. 10:
תקוע אלפא לישמן אבא שאול אומר שניה לה רגב בעבר
הירדן ר׳ אלעזר בן יעקב אומר שלישית היה לה גוש
חלב und übersetzt: „Thecoa est l'alpha pour l'huile . . . ."
H. N. giebt also das Wort אלפא durch „alpha" und übersetzt
es nicht, weil er es entweder für ein nomen proprium gehalten,
oder weil er die Bedeutung desselben nicht gewußt. Daß es
aber kein Versehen sein kann, daß hier zufällig die Erklärung
weggelassen wurde, ist aus Seite 154 zu ersehen. Daselbst in
Note 6 citirt H. N. die Mischna, Menachoth 9, 1, מכמס
וזנוחא אלפא לשמן und übersetzt wieder: „Mikhmas et Zanoha
sont les alpha pour le blé." Raschi, David Kimchi in seinem
Commentar zu II. Samuel., 14, 2 und Nathan ben Jechiel in

seinem Aruch erklären einstimmig das Wort אלפא durch „vorzüglich", „ersten Rang", und der Sinn der Mischna ist, „sowie das Aleph der erste Buchstabe ist, so sind diese Oerter die vorzüglichsten in der Erzeugung von Oel und Getreide." Wir wollen zugleich die geistreiche Erklärung des Maimonides, die er in seinem Commentar zur Mischna daselbst giebt, hier anführen. Er sagt: „Das Targum übersetzt das Wort ולמדתם „und ihr sollt lehren durch ותלפון, von dem chaldäischen אלף, lehren, und der Sinn der Mischna ist, Thekoa ist geschickt und erfahren in der Zubereitung des Oels. Wir fügen noch hinzu, daß im Talmud Jeruschalmi oft die Redensart: אלפנו באגדה, „unterrichte uns in der Agadah!" vorkommt. Maimonides fährt fort und sagt, daß das Verbum אלף in der Bibel vorkommt, und erklärt sehr richtig die Stelle, Hiob, 35,11: מלפנו מבהמות ארץ, „wir könnten uns von den Thieren des Feldes belehren lassen." Somit, schließt er, will der Talmud ausdrücken, diese Städte sind geschickt und gelehrt in der Zubereitung des Oels und des Mehls." Bei dieser Gelegenheit müssen wir auch Landau einen Irrthum, den er in seinem Aruch begeht, nachweisen. Landau in seinem Aruch giebt eine Erklärung des Wortes אלפא und sagt, daß αλφυ im Griechischen „feines Mehl" bedeute. Nebenbei sei bemerkt, daß αλφυ im Griechischen gar nicht vorkommt und wahrscheinlich ἄλφι lauten muß, das allerdings als eine verkürzte Form von ἄλφιτον vorkommt. Landau, der auch bekanntlich nur nach dem Aruch gearbeitet, ohne die Stellen im Talmud zu vergleichen, ließ sich zu diesem Irrthume verleiten, weil zufälliger Weise der Aruch ad vocem אלף, die Mischna, Menachoth 9, 1. מכמס וזנוחא אלפא לסלת „Michmas und Zanucha erzeugen das beste Mehl", citirt, und Landau glaubte, daß das Wort אלף nur auf „Mehl" angewendet wird, wußte aber nicht, daß im Talmud Menachoth noch zwei andere Stellen erwähnt werden, wo אלף auch auf Oerter, die vorzügliches Oel erzeugen, angewendet wird, und somit die Erklärung aus dem griechischen ἄλφι „feines Mehl" ganz falsch ist.

Seite 131 in Note 3 citirt H. N. David Kimchi in seinem Commentar zu Amos, der da sagt, daß Tekoa im Gebiete Ascher's lag, das ein Irrthum ist, da es doch, nach II. Chronik. 11, 6, im Gebiete Juda's lag. Man muß wirklich über den besonderen Fleiß, womit H. N. seinen Gegenstand bearbeitet, erstaunt sein! Er hat nicht nur alle im Talmud erwähnten Stellen in Bezug auf Tekoa gesammelt, sondern sogar die späteren Schriftsteller, wie David Kimchi, verglichen. Eines ist uns jedoch auffallend bei der Sache. Es ist selbstverständlich, daß H. N. den Commentar von Kimchi über Tekoa verglichen, da doch Tekoa in Amos, 1, 1 vorkommt. Es sei jedoch in Parenthese hier bemerkt, daß Kimchi diese Bemerkung gar nicht zu c. 1, 1, wo der Name Tekoa steht, macht, sondern zu c. 7, 10, wo gar nicht Tekoa erwähnt wird. H. N. giebt daher die Stelle nicht näher an und sagt nur: „David Kimchi in seinem Commentar zu Amos." Grätz, im 3. Bande seiner Geschichte, Note 37, citirt den Kimchi als zu Anfang zu Amos, was auf ein Versehen beruht. H. N. hat aber den von Grätz citirten Kimchi zu Anfang Amos nicht gefunden und sagt deshalb: „Kimchi zu Amos." Tekoa, kommt aber noch einmal vor, und zwar II. Samuel., 14, 2. Warum hat aber H. N. den David Kimchi zu dieser Stelle nicht verglichen, und da würde er zu seiner großen Freude gefunden haben, daß Kimchi daselbst den vermeintlichen Irrthum noch deutlicher ausspricht? Dieses Räthsel wird seine Lösung in unserer zweiten Abtheilung finden, wo wir nachweisen werden, daß der ganze Artikel über Tekoa wörtlich Grätz nachgeschrieben ist. Da aber Grätz daselbst nur die eine Stelle Kimchis zu Amos citirt, so ist es selbstverständlich, daß H. N. keine zweite Stelle anzugeben gewußt. Nun wollen wir aus der Stelle zu Samuel, wo Kimchi den Irrthum noch deutlicher ausspricht, beweisen, daß Kimchi unmöglich den Fehler begangen haben kann, und dann wollen wir beweisen, wie so der Irrthum in seinen Commentar zu Amos sich eingeschlichen. Im Talmud Menachoth, 85b, lautet eine Stelle: "Tekoa besitzt das vorzüglichste Oel." Der Talmud lehnt nun seine Erzählung an den Vers II. Samuel., 14, 2, an, wo es heißt: "Und Joab schickte nach Tekoa und ließ eine weise Frau daher kommen," und der Talmud fragt: "warum schickte er gerade nach Tekoa?" und der Talmud antwortet: "Joab glaubte deshalb, daß Weisheit in Tekoa zu finden sei, weil die Einwohner mit der Zubereitung des Oels sich beschäftigen." Nach der Auffassung des Talmuds ist das Oel das Symbol der Weisheit. Der Talmud fährt in der Erzählung bezüglich des Oels, das als ein wichtiger Gegenstand betrachtet wird, weil es einen Hauptbestandtheil des Opferdienstes im Tempel bildete, fort. "Deuteronom., 33, 24 heißt es: "Ascher taucht seinen Fuß in Oel," damit ist das Gebiet Ascher gemeint, weil da das Oel in Strömen fließt. "Einst," erzählt der Talmud daselbst, "benöthigten die Laodicier Oel und sie schickten eine Person aus, die ihnen viel Oel besorge. Dieser Mann ging nach Jerusalem, jedoch die Leute daselbst wiesen ihn nach Zor; allein auch da erhielt er das Gewünschte nicht und sie wiesen ihn nach Gusch Haleb. Daselbst erhielt er Oel und überzeugte sich, daß in Gusch Haleb das Oel in Strömen floß. Gusch Haleb liegt im Gebiete Ascher." Soweit die Worte des Talmud. Dieselbe Stelle wörtlich hat auch David Kimchi, nur mit der Variante, daß er sagt: "Tekoa, eine Stadt in Ascher", in seinem Commentar zu Samuel aufgenommen. Es ist also kein Zweifel, daß Kimchi die Stelle im Talmud vor Augen gehabt, nur hat er sich verschrieben, indem er Tekoa anstatt Gusch Haleb setzte, weil Tekoa doch zu Anfang der Talmudstelle genannt wird. Wir sind fest überzeugt, daß Kimchi in seinem Commentar zu Amos sagte, daß Tekoa in Juda liegt, da doch aus c. 1, 1 zu ersehen ist, daß Amos ein Judäer war und erst später aus seiner Heimath nach Beth El ging, um daselbst gegen den Kälberdienst zu eifern. Ein späterer Abschreiber hat die Stelle in Samuel, wo Kimchi sich nur verschrieben und Tekoa anstatt Gusch Haleb gesetzt, gesehen und hat in Folge dessen in dem Commentar zu Amos, wo sicherlich „Tekoa im Stamme Juda" gestanden hat, eine Emendation vorgenommen. So liegt die Sache. Es wäre interessant, Handschriften zu vergleichen und zu sehen, ob nicht in dem Commentar zu Amos ausdrücklich „Tekoa in Juda" steht.

Seite 169 spricht H. N. über Sichem und sagt, daß Joseph. im Buche der jüdischen Kriege, 4, 8, 1 erzählt: „Die Einwohner nennen diese Stadt Μαβορθά, oder Μαβαρθά." H. N. glaubt מברכתא (Mabarakhtha) zu lesen und soll bedeuten, „ville benie", gesegnete Stadt. Es ist das eine höchst unglückliche Conjectur und ist, abgesehen davon, daß Joseph. gewiß das χ geschrieben hätte, schon deshalb nicht zu halten, weil die Samaritaner ihre Stadt gar nicht für heilig oder gesegnet halten. Sie nennen nur den Berg Garisim, im Gegensatze zu dem Tempelberge, den sie „maledictus" nennen, heilig, und daher wahrscheinlich die Fälschung, die sie in Deuteron. 27, vorgenommen haben. Plinius liest Mamortha, und nach einer Ausgabe des Plinius, die uns vorliegt, liest eine Randglosse Maxbortha. Wir glauben מעבדתא Mabadtha, von עבד, das auch im Samaritanischen „Gott dienen" bedeutet, zu lesen, und es würde dann mit Culturstätte zu übersetzen sein. Der Gutturalbuchstabe ע wird im Samaritanischen nicht ausgesprochen und das ד und ר sind im Samaritanischen wegen ihrer Aehnlichkeit noch leichter als im Hebräischen zu verwechseln, und somit hat ein Copist מעברתא anstatt מעבדתא geschrieben. Die Leseart Μαβαρθό bei Joseph. wäre somit richtig, wenn wir annehmen, daß das ר anstatt eines ד steht. Die Samaritaner nennen sich bekanntlich die „wirklichen Israeliten", während sie die Israeliten nur „Juden" nennen, und deshalb gaben sie wahrscheinlich auch ihrer Stadt den Namen: מעבדתא, Culturstätte, der Ort, wo die Strenggläubigen wohnen.

Seite 170 in Note 4 citirt H. R. die Mischna, Menachoth 6, 2 ושתי הלחם מבקעת עין סוכר Er sagt daselbst: „On n'est pas certain si l'endroit s'appelle עין סוכר ou עין סובר, car c'est un muet qui aurait donné l'indication de cet endroit en posant ses doigts sur ces deux mots." H. R. sagt also, daß der Stumme dadurch zu verstehen gab, daß ein Ort עין סוכר existire, indem er seine Finger auf die beiden Worte legte!!! Zu Seite 81, wo H. R. den ersten Satz des Talmuds behandelt, haben wir schon nachgewiesen, daß er die Talmudstelle nicht zu lesen verstand, hier, wo er wieder den zweiten Satz des Talmuds daselbst behandelt, soll wieder bewiesen werden, daß er den ganz einfachen Satz nicht verstanden. Wir wollen daher eine ganz getreue, wörtliche Uebersetzung dieser Talmud= stelle geben. Die Stelle lautet: „Man war einmal in Verle= genheit, die Schaubrode wegen der Dürre, die in Palästina herrschte, wie es in einer Parallelstelle, Jeruschalmi, Schekalim, 5, 2 heißt, nicht darbringen zu können. Man ließ daher aus= rufen: „Wenn irgend Jemand von einem Orte, wo man Wei= zen bekommt, Kenntniß hat, der möge dies anzeigen!" Da kam ein Stummer und machte sich durch Zeichen verständlich, daß in dem Orte עין סוכר Weizen zu bekommen ist. Er legte die eine Hand auf sein Auge und die andere Hand auf ein Schlüßelloch, und da merkte man, daß er einen Ort, der עין סוכר heißt, meint; denn עין heißt das Auge und סוכר das Schlüßelloch. Man forschte nach und fand die Angabe dieses Stummen be= stätigt, daß es einen Ort, Namens עין סוכר, giebt." H. R. sagt aber, daß er die Hände auf die beiden Worte עין סוכר gelegt, das im Talmud gar nicht steht. Nun wollen wir be= weisen, wie unlogisch H. R. denkt! Dieser Stumme konnte doch gewiß nicht schreiben, denn sonst hätte er sich nicht erst durch Zeichen zu verständigen suchen müssen, sondern hätte ganz einfach aufschreiben können: man geh' nach En Socher! Nun fragt es sich: woher waren die beiden Worte עין סוכר, die man erst er= fuhr, nachdem dieser Stumme durch Zeichen angedeutet, daß es einen Ort Namens En Socher giebt, geschrieben, so daß er mit seiner Hand hätte darauf deuten können? Oder meint etwa H. N., daß dieser Stumme seine Hand auf die genannte Talmudstelle legte, die der Talmud erst in Folge dieses Ereignisses erwähnt?!!! H. N. hat aber noch einen zweiten Irrthum begangen. Er sagt in der betreffenden Note: „es ist nicht gewiß, ob der Ort עין סובר oder עין סובר genannt wurde, da doch nur ein Stummer durch Zeichen das angedeutet." Der Ort muß עין סובר geheißen haben und darüber waltet kein Zweifel ob! Der Stumme legte zuerst seine Hand auf das Auge und dann auf das Schlüßelloch. Würde der Ort עין סובר geheißen haben, so hätte ja der Stumme, um sich genau verständlich zu machen, zuerst die Hand auf das Schlüsselloch und dann auf das Auge legen müssen! Uebrigens sagt ja der Talmud ausdrücklich, daß man den Ort עין סובר, wie ihn der Stumme bezeichnet, richtig aufgefunden habe!

Seite 183 sagt H. N.: „Les Galiléens ne pouvaient jamais s'élever à une discussion dialectique pour résoudre une question par voie de comparaison," und in Note 7 sagt er: Nous croyons comprendre de telle façon los mots assez obscurs (sic!) du Talmud: ולא גלו (עלו) ממסבתא למסבתא. Hier hat H. N. den Talmud, weil er ihn nicht verstanden, geradezu gefälscht, indem er einige Worte hinzufügt, die im Talmud gar nicht stehen, und das Alles um einen Sinn herauszubekommen. Im Talmud, Erubin, 53a lautet der Satz: לא גלו ממסבתא. Diesen Satz hat H. N., wie er selbst gesteht, nicht verstanden, und da bildet er sich einen neuen Satz: ולא גלו ממסבתא למסבתא und giebt ihn als einen Satz aus dem Talmud an. Allein nachdem er diese Fälschung vorgenommen und noch immer keinen rechten und verständlichen Sinn herausbekommt, so sucht er sich dadurch zu helfen, indem er auch das eine Wort גלו streicht und עלי dafür setzt. Wir haben somit einen ganzen Neubauerischen Satz im Talmud stehen! H. N. hat das Wort גלו offenbar nicht verstanden und hat deshalb עלו conjicirt. Nun giebt aber der Satz: לא עלו מסבתא, noch immer keinen rechten Sinn, deshalb wurden noch einige Worte hinzugefügt und lautet: ולא עלו ממסבתא למסבתא. Ob aber jetzt der Satz einen rechten Sinn giebt, das überlassen wir dem, der sich nur einigermaßen mit Talmud beschäftigt hat. Nun wollen wir die betreffende Stelle wörtlich anführen und eine ganz getreue Uebersetzung davon geben. Die Stelle lautet:

בני יהודה דגלו מסבתא נתקיימו תורתן בידן בני גליל דלא גלו מסבתא לא נתקיימו תורתן בידן דוד גלי מסבתא שאול לא גלו מסבתא „Die Judäer lehren und sind bestrebt, die Wissenschaft zu verbreiten, deshalb hat auch die Wissenschaft bei ihnen Bestand; die Galiläer hingegen lehren nicht und suchen nicht die Wissenschaft zu verbreiten, deshalb hat sie auch bei ihnen keinen Bestand. Desgleichen war es auch bei David und Saul, Ersterer lehrte, Letzterer hingegen lehrte nicht." So erklärt Raschi zur Stelle; vergl. auch Talmud, Gittin, 59a, wo גלו mit למד לאחרים „Andern das Wissen mittheilen" übersetzt wird. גלו heißt: enthüllen, entdecken, und im weiteren Sinne, mittheilen, lehren. H. R. sagt aber bezüglich dieses ganz klaren und einfachen Satzes: „Les mots assez obscurs du Talmud." Wir werden noch einigemale dieser Phrase in H. R.'s Werke begegnen! die Abstammung des Wortes מסבתא „Abschnitt," das der Talmud hier für „Wissenschaft" gebraucht, ist allerdings sehr zweifelhaft. Der Tosephoth Jom Tob, in seiner Einleitung zur Mischna, Sabbath, führt eine Erklärung aus Sefer Chasidim an, wo dieses Wort aus dem hebräischen מסך, Gespinnst, Gewebe, abgeleitet wird, und dann in metaphorischem Sinne von dem Fortspinnen des geistigen Gedankens gebraucht wird." Möglich, daß man im Hebräischen, analog dem lateinischen textus, von texo, spinnen, מסבתא von מסך, spinnen, gebildet hat! — In der Note beruft sich allerdings H. R. auf Geiger in seiner Zeitschrift, t. 5. p. 432, die uns zur Einsicht nicht vorliegt; allein wir können unmöglich glauben, daß ein Mann, wie Geiger, diese Talmudstelle nicht verstanden haben soll.

Seite 196 spricht H. R. über עֲרָדִיסְקוּם und sagt in Note 6 daselbst: „M. Graetz, Gesch. der Juden, t. IV, p. 470 croit que le nom עֲרָדיסְקָא représent la ville de Damas; mais cette ville s'appelle dans les Talmuds דַּרְמַסְקוּם; le mot עֲרָדיסְקוּם (Talm. de Bab., Baba Bathra, 57a) est une faute de copiste." H. R. sagt, daß in der Talmudstelle, Baba Bathra, wo Ardiskus erwähnt wird, der Fehler eines Copisten ist, bleibt jedoch den Beweis dafür schuldig. Wir glauben, daß Grätz mit vollem Rechte sagt, daß in der betreffenden Stelle unter Ardiskus, Damaskus gemeint ist, und wir wollen die Beweise dafür, so wie den, daß in Baba Bathra Ardiskus ein Fehler sein muß, geben. Im Jeruschalmi, Kidu- schin, 1, 9 und Bereschith rabba, c. 44. ist die Parallelstelle, und daselbst steht Darmaskus anstatt Ardiskus. Ja, im Jeruschalmi, Schebiith, 6, 1 wird sogar Damaskus ausdrücklich an dieser Stelle genannt. Es sind also drei gleiche Stellen, wo überall Damaskus die Leseart ist, während nur in der einen Stelle, in Baba Bathra, Ardiskus steht, und wahrscheinlich nur der Fehler eines Copisten ist. Nun wollen wir beweisen, daß unmöglich die Leseart Ardiskus sein kann. Die Stelle in Baba Bathra lautet so: „Drei Völker hat Gott den Israeliten nicht zugetheilt: Ardiskus, Asja und Aspamja; somit sind diese Länder als nicht zu Palästina gehörig zu betrachten und sind von den gesetzlichen Abgaben befreit. In der Tosiftha, Therumoth, c. 2 heißt es hingegen, daß man in Ardiskus die gesetzlichen Abgaben, wie sie für Palästina vorgeschrieben waren, gegeben hat. Es ist das somit ein Widerspruch! Es ist also erwiesen, daß die Leseart in Baba Bathra eine unrichtige ist und unter Ardiskus nur Damaskus gemeint sein kann. Ein zweiter Beweis, daß Ardiskus in der genannten Talmudstelle ein Fehler ist, ergiebt sich wieder aus der Talmudstelle selbst. Der Talmud sagt: „Drei Länder hat Gott den Israeliten nicht zugetheilt, und diese sind: Ardiskus, Asja und Aspamja." Welcher Widerspruch! Er beginnt mit Ländern und zählt Städte auf, da doch

Arbisfus, wie aus der angeführten Stelle in der Tosiftha zu ersehen ist, eine Stadt ist! Es ist also wieder erwiesen, daß unter Arbisfus, Damaskus gemeint ist, denn der Talmud versteht unter Damaskus das Damaskenische Gebiet, nämlich Cölesyrien, ebenso wie die Römer es Damascena nannten.

Seite 214 wird über גינוסר gesprochen und ein Jeruschalmi, Megillah, 1, 1 citirt: "הערבה ועד ים כנרת מעתה ישני גינוסריות היו או לא היו אלא ישתי אבטגיות כגון בית ירח וצינברי שהן מגדלות בירים וחרב הכרך ונעשה של גוים,. H. N. überseßt diese Stelle so: Un docteur pose la question suivante: „בנרת est une forme du pluriel; il semblerait donc qu'il y a eu au moins deux endroits du nom de גינוסר?" On lui répond: Il y avait plusieurs endroits qui formaient des fortifications autour de Kinnereth, comme, par exemple, Beth Yerah et Cenabri. La ville principale (de Guinosar) fut détruite, et il ne reste que les fortifications des païens." In Note 7 daselbst sagt H. N. bezüglich dieses letzten Sates: „Cette dernière phrase est très-obscure." Wir lenken die Aufmerksamkeit der gelehrten Welt auf diesen Gegenstand; denn soweit die Geschichte der Wissenschaft reicht, ist dergleichen Irrthum nicht niedergeschrieben worden. Nun wollen wir die ganze Stelle getreu wörtlich übersetzen: „Rabbi Levi stellte die Frage: „בנרת ist doch eine Pluralform, gab es denn zwei Oerter, die גינוסר hießen?" Darauf antwortet der Talmud: „Die Stadt war in zwei Theile getheilt, wie Beth Jerach und Zenabri; diese beiden Theile bildeten die Festungen zu der Stadt und deßhalb die Pluralform." Hier schließt der Satz ab und nun beginnt eine ganz neue Abhandlung, die mit der vorigen in gar keinem Conner steht. Der Talmud fragt: וחרב הכרך ונעשה של גוים, „wenn eine Stadt, wo Israeliten wohnen, zerstört wird, und selbe nun von Heiden bevölkert wird, sind die nahegelegenen Städte verpflichtet am vierzehnten, oder am funfzehnten des Monats Adar das Buch Esther zu lesen, weil sie doch in der Nähe einer Stadt wohnen, die früher dazu verpflichtet war?" Darauf antwortet der Talmud: איתא המי בו אינן קורין ובחוצה לו קורין. „Ueberlege doch die Grundlosigkeit Deiner Frage! Wenn in der Stadt selbst, da die Israeliten daraus vertrieben wurden, der Gebrauch nicht mehr obwaltet, wie sollen die nahe gelegenen Städte dazu verpflichtet werden!" H. N. hat aber die Frage vom zweiten Satze zum ersten Satze gezogen und unter dem Worte ברך, Stadt, die Stadt Genuser verstehen wollen und sagt deßhalb mit Recht: „Dieser letzte Satz ist sehr dunkel." H. N. hat aber zu sagen vergessen, daß in Folge seines falschen Lesens, da er die Frage zum ersten Satze gezogen und die Antwort im zweiten Satze allein stehen läßt, auch der nächstfolgende Satz sehr dunkel ist! Daß aber kein Zweifel obwaltet, daß והרב הברך ונעשה של נים eine besondere Frage bildet, ist zu ersehen, daß auch Rabbi Nissim in seinem Commentar zu Alfasi, Megillah, 1, 1 diesen Jeruschalmi so erklärt. Wo im Jeruschalmi die Redensart: איתא חמי, „Sieh' und überlege doch Deine Frage!", vorkommt, so folgt sie immer als die Antwort auf eine Frage. Vergl. Jeruschalmi, Parah, 8, 7; Jeruschalmi, Demai, 1, 3; Jerusch., Taanith, 3, 5; Jer., Nedarim, 8, 6; Jer., Sanhedrin, 1, 3; Jer., Schebuoth, 5, 3. In allen diesen angeführten Stellen ist איתא חמי als Antwort auf eine Frage, und somit ist es auch hier eine Antwort auf die Frage: „והרב הברך ונעשה של נים?"

Seite 227 spricht H. N. über צפת und sagt, daß zwar diese Stadt in der Bibel nicht vorkommt, allein sie wird im Talmud und auch in den späteren, nachtalmudischen verfaßten Schriften, wie bei Kalir in seiner Elegie, erwähnt. Wir hätten schon oben zu Seite 117 anführen können, daß H. N. einen Irrthum daselbst niedergeschrieben, wie kaum ein zweiter in den Annalen der Wissenschaft verzeichnet steht. H. N. sagt Seite 117 in Note 5: „Eléazar Hakalir est mentionné par Saadyah comme un liturgiste très-connu. On est presque d'accord (sic!) que cet Eléazar vivait au moins avant la

clôture du Talmud de Babylone. (cf. Hacarmel 4. année, p. 67)."
Uns liegt der Carmel zur Einsicht nicht vor, allein H. N. hätte
noch ganz andere Autoritäten, die Kalir so weit hinaufrücken,
anführen können. Tosefoth zu Chagiga, 13a, Ascheri zu Berachoth, §. 21., und Hagahoth Maimoni, Helachoth The-
philah, 6, 3, sagen, daß Kalir zur Zeit der Mischna gelebt. Das Sepher Jochsin und Rabbi Salomo ben Adereth
in seinem Werke, resp. 169, zählen ihn zu den Thanaim. Rabbi
Ezechiel Landau in seinem Werke „Nodah Bijuhuda," sect. II.,
resp. 113 und in seinem Werke „Zelach" zu Berachoth, 46b, sucht noch
diese Meinung mit aller Consequenz durchzuführen. Allein schon
Joseph Steinhardt in seinem Werke „Sichron Joseph," resp.
13 und Eleasar Flekeles in seinem Werke „Teschubah Meahabah,"
resp. 1, weisen schon die Unhaltbarkeit dieser Meinung sehr
scharfsinnig nach. Sollten die Arbeiten eines Heidenheim, Rapoport und Zunz, die außer allem Zweifel festgestellt haben,
daß Kalir frühestens im 9. Jahrhundert gelebt haben kann, H.
N. unbekannt sein? Wir haben deßhalb diesen Irrthum zu Seite
117 H. N. nicht nachgewiesen, weil wir im Zweifel waren,
wie wir ihn fassen sollen. Es ist festgestellt, daß der Abschluß
des Talmuds im 5. Jahrhundert erfolgte, ebenso ist es wieder
festgestellt, daß Kalir frühestens im 9. Jahrhundert gelebt haben
kann. Wenn daher H. N. sagt: „Kalir hat vor dem Abschlusse
des Talmuds gelebt," so wußten wir nicht, wie er das meint,
ob er etwa den Abschluß des Talmuds in das 10. Jahrhundert
hinabrückt, da doch Kalir im 9. Jahrhundert gelebt, oder ob er
Kalir im 4. Jahrhundert leben läßt, da doch der Talmud im
5. Jahrhundert zum Abschluß gelangte! Hier zu Seite 227
erklärt sich H. N. deutlicher, indem er ausdrücklich sagt, daß
bei einem spätern Schriftsteller, der nach dem Abschlusse des
Talmuds gelebt, Namens Kalir, auch Zefath vorkommt. Wir
wollen daher von dem Irrthum absehen und nur den abnor-
malen Widerspruch constatiren, daß H. N. zu Seite 227, wo
er ausdrücklich sagt, daß Kalir nach dem Abschlusse des Tal-

muß gelebt, nicht mehr gewußt hat, was er zu Seite 117 geschrieben, wo er wieder ausdrücklich sagt, daß man einstimmig (?) ist, daß Kalir vor dem Abschlusse des Talmuds gelebt hat!

Seite 233 spricht H. N. über בצר und sagt: „Josèph l'appelle Ecdippon et Actipous." H. N. ließ sich vom Gleichklange der beiden Namen verleiten, diesen Irrthum niederzuschreiben. Ἐκδίππων, das Joseph. in den jüdischen Kriegen, 1, 13, 4 erwähnt, ist nicht das Ἀκτιπούς, das er Ant., 5, 1, 22, erwähnt. Ersteres ist ein Schloß, an dem Meere gelegen, während letztere eine Stadt, hinter dem Berge Carmel, im Gebiete Ascher ist.

Seite 255 citirt H. N: in Note 6 einen Jeruschalmi, Schebiith, 6, 4: נהגין כהניא דמטיא עד דרי ..... und sagt: „Dans un passage talmudique Boçrah est cité en même temps qu'une localité דרי (Derii) que nous supposons être la ville biblique d'Edreï." H. N. übersetzt ausnahmsweise die angeführte Stelle nicht und entschuldigt sich mit den Worten: „Ce passage est très-obscur." Dieser Phrase begegnen wir oft in seinem Werke, die dem Neubauerischen Axiom: nil hominibus arduum est! geradezu widerspricht. Da aber H. N. diese Stelle nicht übersetzt, und wir nicht allwissend sind, um H. N. auch hier einen Irrthum nachzuweisen, so begnügen wir uns damit, zu sagen, daß die angeführte Stelle gar nicht dunkel gehalten ist, höchstens nur für den, der sich auf talmudischem Gebiete nicht genug heimisch fühlt. Es befremdet uns daher, daß H. N. in diese Stelle, die er, wie er selbst gesteht, nicht verstanden und für dunkel hält, Licht zu bringen sucht und sagt, daß דרי das biblische Edreï ist. דרי kann aber unmöglich das biblische Edreï sein, da es doch im Talmud in der biblischen Form vorkommt. Im Jeruschalmi, Berachoth, 5, 2 wird אדרעי תנחום, Tanhum aus Edreï," zweimal genannt. Wenn der Jeruschalmi unter דרי das biblische Edreï hätte bezeichnen wollen, so hätte er gewiß, wie zur angeführten Stelle in Berachoth, Edreï geschrieben.

Seite 262 spricht H. N. über בורני, und sagt: "Borni (Sanhedrin, 32a) endroit où R. Johanan ben Zakaï se trouve un fois." Nun wollen wir die Talmudstelle, wo nach H. N's. Angabe erzählt wird, daß Rabbi Johanan in Borni gewesen sein soll, wörtlich anführen und eine getreue Uebersetzung davon geben. Die Stelle lautet daselbst f. b, nicht aber wie H. N. f. a verzeichnet, so: "תנו רבנן צדק צדק תרדף הלך
אחר בית דין יפה אחר חכמים לישיבה אחר ר׳ אליעזר ללוד
אחר ר׳׳ יוחנן בן זכאי לברור חיל. תנא קול ריחים בבורני
שבוע הבן שבוע הבן". "Es lautet eine Stelle, Deuteronomium. 16, 20: "Der Gerechtigkeit sollst Du nachjagen," das will sagen: Du sollst den Gelehrten folgen, wohin sie auch gehen mögen, den Weisen nach ihrem Bestimmungsorte, dem Rabbi Eliasar nach Lod, dem Rabbi Johanan ben Sakaï nach Berur Chaïl." Nun folgt eine ganz neue Abhandlung, gar nicht im Connex stehend mit der vorigen Erzählung. Der Talmud sagt: "Wenn man in Borni das Geräusch einer Handmühle vernahm, so war das ein Zeichen, daß ein Beschneidungsfest gefeiert wird." Diese Erzählung bezieht sich wahrscheinlich auf die hadrianische Verfolgung, wo den Juden die Beschneidung strengstens untersagt war, und sie sich durch Zeichen zu verständigen suchten, daß ein Kind wird beschnitten werden. H. N. hat im ersten Satze den Namen Johanan ben Sakaï und im folgenden Satze den Ortsnamen Borni gesehen und sagt, daß Rabbi Johanan in Borni war, was gar nicht im Talmud steht!

Seite 265 spricht H. N. über גוזריא und sagt, daß im Talmud Jeruschalmi, Rosch Haschanah, 4. 9. ein Rabbi Juda aus Gosria genannt wird und vielleicht dieselbe Stadt gemeint ist, die Josua, 16, 10 erwähnt wird. Vor Allem müssen wir H. N. sagen, daß er wieder eine Talmudstelle fingirte. Im ganzen Jeruschalmi, Rosch Haschanah kommt unseres Wissens kein Rabbi Juda aus Gosria vor. Ein Rabbi Juda Hagosri wird allerdings im Talmud Babli, Sabbath, 130b erwähnt. Daselbst lautet eine Stelle: "ר׳ יהודה הגוזר". גוזר bedeutet aber der Operateur, einer der die Blutweihe an dem neugeborenen Kinde vollzieht. Das Targum übersetzt וַיָּמָל mit וַגזר, „und er beschnitt." In der angeführten Stelle wird an diesen Rabbi Juda Hagoser, der ein geschickter Operateur gewesen zu sein scheint, eine Frage bezüglich der Beschneidung gerichtet, das ein Beweis ist, daß unter הגוזר der „Beschneider" zu verstehen ist. H. N. hat das Wort גוזר offenbar nicht verstanden und hat es als den Namen eines Ortes genommen und übersetzt: „Rabbi Juda aus Gosria."

Zur selben Seite wird über כפר דטיא gesprochen und ein Midrasch, Bereschith rabba, c. 65 citirt, wo כפר דטיא erwähnt sein soll. Daß hier aber kein Druckfehler sein kann, ist aus der Transcription zu ersehen; denn H. N. schreibt es ganz folgerichtig: „Kefar Datiyeh." Nun macht H. N. seine Conjectur: „Il faut peut-être lire כפר הטיאה et l'identifier avec Kefr Hattin." Hier müssen wir wieder H. N. nachweisen, daß er nicht den Talmud zu lesen verstanden hat, denn es steht in der angeführten Stelle ausdrücklich כפר הטיאה und nicht כפר דטיא. Auch im ganzen Talmud kommt überall כפר חיטיא vor. Vergl. Jeruschalmi, Megillah. 1, 1; Talmud Babli, Chagiga, 5b; Caftor upherach, c. 11 wo überall כפר חיטייא steht. H. N. versteht entweder den Talmud nicht zu lesen, oder fälscht ihn absichtlich, um Conjecturen zu machen!

Seite 274 citirt H. N. פנוטיה, das in Jeruschalmi, Demai, 11, 1 erwähnt sein soll. Daß dieses aber kein Druckfehler sein kann, ist wieder aus der Transcribirung zu ersehen, denn er schreibt es: „Pagoutiyah." H. N. hat sich abermals versehen und falsch gelesen, da doch der im Talmud daselbst erwähnte Ort פנוטיה, Panutijah, heißt. Allein zugegeben, daß im Talmud פנוטיה stünde, so ist doch die Conjectur, die H. N. macht, geradezu eine lächerliche. Er sagt in Note 3 daselbst: „Le mot פנוטיה est sans doute le même que פנס que nous avons cité comme localité samaritaine. On lit dans la Tosiftha, Aboda zarah, ch. 7: כפר פנשה." H. N. führt keinen besonderen Beweis dafür an, er sagt nur: פגומיה ist identisch mit dem Orte פגיש. Wir fragen: was hat פגומיה mit פגש gemein und welche Beziehungen knüpfen diese beiden Namen an einander? H. R. liest vielleicht absichtlich פגומיה anstatt פגומיה, um diese geistreiche Conjectur, daß es mit פגש identisch ist, herauszubekommen, und das nennt H. R. Wissenschaft!

Seite 296 citirt H. R. eine Stelle aus Megillath Taanith, c. 11: "בשבע עשר בו קמו עממיא על פליטת ספריא במדינת בלקום ובית זבדאי והוה פורקן לבית ישראל" und H. R. übersetzt diese Stelle so: On a institué une demi-fête le dixsept Adar, parce que les docteurs persécutés par les païens dans les villes de Kalkhis et ue Beth-Zabdé furent miraculeusement sauvés." In Note 1 daselbst sagt H. R.: „Nous croyons que le mot מדינה doit se prendre ici comme en arabe dans le sens de „ville"." H. R. hat also herausgefunden, daß das Städte sind. Vor Allem müssen wir H. R. sagen, daß es in allen Talmuden keine Stelle giebt, wo מדינה für „Stadt" gebraucht wird, somit, was niemals vorkommt, auch hier nicht angenommen werden kann. Nun wollen wir beweisen, daß es unmöglich Städte sein können. Wenn hier מדינה „Stadt" bedeuten sollte, so würde der Talmud nicht sagen: קמו עממיא על פליטת ספריא, „es erhoben sich die Völker über den Ueberrest der Schriftgelehrten," sondern er würde sagen: es erhoben sich die Einwohner (der beiden Städte) über den Rest der Schriftgelehrten. Von Ländern gebraucht man Völker, während von Städten nur Einwohner gebraucht wird. Ein zweiter Beweis ist aus dem Schlusse des Satzes, wo es heißt: „es war eine Rettung für das Judenthum", gegeben. Eine Calamität, die sich nur auf zwei Städte, wo wenige Juden wohnten, beschränkte, bedingt noch nicht die „Errettung des Judenthums"; anders dagegen ist es, wo die Gefahr zwei Länder bedroht! Ein dritter Beweis ist aus den

Worten קם עממיא על פליטת ספרא, „es erheben sich die
Völker über den Rest der Gelehrten," gegeben. Es ist nicht
wahrscheinlich, daß der Rest der Gelehrten nur in den beiden
Städten gewohnt, sondern in den beiden Ländern wahrscheinlich
zerstreut waren. Viertens endlich würde man keinen Festtag
für die Unterdrückung eines Aufstandes, der sich nur auf zwei
Städte ausdehnte, eingesetzt haben, wenn nicht die Gefahr einem
großen Theile des Judenthums gedroht hätte.

Seite 299 spricht H. R. über ערכת לבנה und citirt eine
Talmudstelle, Bechoroth, 57b, wo erzählt wird, daß daselbst
einst eine Ceder von Libanon fiel und so stark war, so daß
funfzehn Wagen auf der Kante dieser Ceder fahren
konnten. Im Talmud wird für Wagen das Wort קרון
gebraucht. In Note 5 daselbst sagt H. R.: „Le sens
du mot קרונות est douteux." Wir begreifen nicht,
wie H. R. sagen kann, daß die Bedeutung von קרון, Wagen,
zweifelhaft ist! In der Mischna, Kilaim, 8, 3, wird יושב
בקרון, „Jemand, der in einem Wagen fährt"..., erwähnt: auch
im Talmud, Kidduschin, 76b, lautet eine Stelle: „Die Söhne
Davids fuhren aus בקרונות של זהב „in goldenen Wagen."
In beiden Stellen muß קרון die Bedeutung „Wagen" haben.
קרון ist, wie man allgemein annimmt, das lateinische carrus,
oder currus, das allerdings sehr gezwungen und weit hergeholt
ist. Wir glauben, daß קרון sich aus dem arabischen قرن nachweisen ließe.

Seite 302 spricht H. R. über Thadmor und übersetzt das
Wort מרוטות in der Talmudstelle, Sabbath, 31a mit „trief-
äugig." Wir haben schon in unserer ersten Schrift, Seite 10,
ausführlich über die Irrthümer, die H. R. in diesem Artikel
begeht, gesprochen, doch glauben wir einige Verbesserungen geben
zu müssen. Wir haben daselbst מרוטות von dem lateinischen
teres-etis abgeleitet, das uns aber nach genauer Prüfung als
unwahrscheinlich erscheint. Wir glauben vielmehr, daß es das

arabische طَرَط ist. Der Kâmûs sagt unter dem Art. طَرَط:

طَرِطَ جِفْنُ شَعْرِ العَيْنَيْنِ الحَاجِبَيْنِ وَالْأَهْدَابِ وَامْرَأَةٌ طَرْطَاءُ العَيْنِ قَلِيلَةُ هُدْبِهَا

Das Verbalnomen tarat bedeutet die Spärlichkeit der Augenhaare bei den Brauen und den Wimpern. Und tarta el-ʿain nennt man ein Weib, deren Wimpern haararm sind. Der Sinn des Talmuds würde also der sein: „Warum haben die Bewohner von Palmyra keine Wimpern?" Und der Talmud antwortet: „Weil sie in einer sandigen Gegend wohnen," und der Sand bewirkt, daß ihnen die Haare an den Wimpern ausfallen.

Zur selben Seite sagt H. R.: „Les Palmyriens s'occupaient sans doute de commerce; car leur pays étant entouré par un désert, la culture ne pouvait probablement pas suffire à leurs besoins." H. R. führt auch keine Quelle zur Bestätigung dieser Ansicht an; er hat sich wahrscheinlich dies zurecht gelegt, weil im Talmud gesagt wird, daß Palmyra eine Sandgegend ist, und daraus zog er den Schluß, daß es eine wüste, unfruchtbare Gegend sein muß. Der agadische Ausspruch des Talmuds, wonach Rabbi Hillel den lästigen Fragenden: „warum die Palmyrer keine Wimpern haben?", mit der Antwort: „weil sie in einer sandigen Gegend wohnen," abwies, kann doch wohl nicht für die Geographie maßgebend sein, wie dies H. R. zur Genüge nachgewiesen hat! Die Stadt wird I. Könige, 9, 18 Thamar und ähnlich von den Griechen Palmyra wegen der Fruchtbarkeit, die da war, genannt. Auch Plinius, hist. nat. lib. V. c. 25 beschreibt sie als eine wohlgelegene, sehr fruchtbare Stadt. Er sagt: „Palmyra urbs nobilis situ, divitiis soli et aquis amoenis . . . . "

Seite 312 citirt H. R. in Note 2 einen Jeruschalmi, Horajoth, 3, 7: מעשה בר' אליעזר ור' יהושע ור' עקיבא שעלו לחולת אנטוכיא על עסק מגבת חכמים. und H. R.

giebt folgende Erklärung zu dieser Stelle: „Il n'est jamais question dans les Talmuds des relations entre les juifs et les premiers chrétiens à Antiochie; mais on dit que R. Éliézer, R. Yehoschoua et R. Akiba se sont rendus à Holath Antiochia pour une motif religieux." Daß H. N. aber die Bedeutung von מגבת חכמים nicht verstanden, das sagt er selbst in der betreffenden Note: „Le mot מגבת n'est pas très-clair. Nous croyons que si la politique n'est pas étrangère aux voyages de R. Akiba, la religion y joue un plus grand rôle; on ne peut douter que ce docteur, ainsi que son disciple R. Meïr, se soient rendus en Asie mineure pour combattre la propagande du christianisme parmi les juifs." Vor Allem wollen wir angeben, und wir glauben dies mit Bestimmtheit beweisen zu können, was H. N. veranlaßt hat, מגבת חכמים durch „religiöse Tendenzen" zu übersetzen. In demselben Artikel, Seite 313, sagt H. N., daß in Antiochien religiöse Disputationen zwischen Juden und Christen stattgefunden, und deshalb glaubte er, weil in dieser Stelle steht: ישעלו לחולת אנטוכיא, „sie gingen nach Antiochien," steht: על עסק מגבת חכמים mit „religiöse Motive" übersetzen zu müssen. מגבת kommt von dem Verbum גבה her und bedeutet: sammeln, Steuer erheben. Der Sinn von מגבת חכמים ist also, „eine Sammlung für arme Gelehrte machen." In Baba Meziah, 87b lautet eine Stelle: מגבת פורים לפורים, „die Almosensammlung für das Purimfest soll am Purim vertheilt werden;" מגבת העיר לאותו העיר, „Die Almosensammlung der Stadt verbleibe in der Stadt." Hier in unserer Stelle kann doch das Wort מגבת auch keine andere Bedeutung haben. Allein in der angeführten Stelle des Jeruschalmi ist ja ganz deutlich ausgesprochen, daß die Rabbinen nach Antiochien gingen, um eine Sammlung für arme, bedürftige Gelehrte zu machen! Wir wollen daher eine wörtliche Uebersetzung dieser Stelle geben. Sie lautet: „Einst kamen die genannten Rabbinen nach Antiochien, um eine Sammlung für arme Gelehrte

zu veranstalten. Es lebte in Antiochien ein Mann, Namens
Aba Jehuda, der sehr mildthätig war und stets reichliche Gaben
spendete. Er war aber arm geworden und konnte nichts mehr
geben. Als er daher die Rabbinen, denen er so oft Geld für
arme Gelehrte gab, sah und den Zweck ihrer Reise merkte, da
verbarg er sich in seinem Hause und war tief betrübt darüber,
nicht nach Gewohnheit und Herzenswunsch seinen Beitrag geben
zu können. Seine Frau stellte ihn über seine Betrübtheit zu
Rede, und er erzählte ihr, wie sehr es ihn schmerze, nicht helfen
zu können und sich vor den zu diesem Zwecke angelangten
Rabbinen verbergen zu müssen. Seine Frau, die aber noch
mildthätiger als er war, sagte zu ihm: „es ist dir doch noch ein
Feld geblieben, verkaufe die Hälfte davon und gieb ihnen das
Geld!" Er that also, kam zu den Rabbinen und gab ihnen
das Geld, das er für die Hälfte des Feldes erhalten. Die
Rabbinen segneten ihn und sprachen: „Gott möge es Dir ver-
gelten!" Als er hierauf sein Feld in Gemeinschaft mit dem,
welchem er die Hälfte verkauft, bestellte, da stürzte die Kuh, mit
der er das Feld pflügte, und brach ein Bein. Als er aber die
Kuh aufzurichten suchte, da erblickte er unter ihr — einen
Schatz liegen." Aus dieser Stelle ist deutlich zu sehen, daß ihre
Reise keinen andern Zweck als Almosen zu sammeln hatte. Ein
zweiter Beweis, daß מגבת חכמים unmöglich die Bedeutung
haben kann, daß sie nach Antiochien gingen, um die christliche
Lehre zu bekämpfen, ist aus Midrasch Esther, 2, 4 deutlich zu
sehen. Daselbst wird eine ähnliche Geschichte von einem Manne,
Namens Karbohin, erzählt, daß die Rabbinen zu ihm gingen, על עסק
מגבת חכמים „um Geld für arme Gelehrte zu sammeln." Zu
dieser Stelle ist aber von Antiochien gar keine Erwähnung.
H. R. müßte erst beweisen, daß auch dieser Karbohi in einer
Stadt gewohnt, wo die christliche Lehre Eingang gefunden.
Auch steht ausdrücklich in dieser Stelle: „Die Rabbinen gingen
zu dem Karbohi, על עסק מגבת חכמים," und H. R. müßte
folgerichtig das Letztere übersetzen: sie gingen zu dem Karbohi,

um ihn wegen der chriſtlichen Lehre, der er anhing, zu bekämpfen. Nun ſteht aber in der Stelle daſelbſt ausdrücklich: „Die Rabbinen gingen zu ihm, um ſeinen Beitrag zu dieſer Sammlung in Empfang zu nehmen," da ſie doch zu ihm ſagten: „Gieb uns Almoſen!" Endlich noch einen dritten Beweis, daß מגבת חכמים unmöglich „religiöſe Motive" bedeuten kann. Im Talmud Jeruſchalmi, Peſachim, 4, 8. wird dieſelbe Erzählung wie im Midraſch Eſther angeführt, und merkwürdiger Weiſe wird dort der Ausdruck מגבת חכמים gar nicht gebraucht, ſondern durch andere Worte, die daſſelbe ausdrücken, umſchrieben. Die Stelle lautet: חד זמן צריכין רבנן נדבא, „Einſt benöthigten die Rabinen Geld zum wohlthätigen Zwecke . . . . ." Hier iſt deutlich ausgeſprochen, daß מגבת חכמים, „Almoſen ſammeln" bedeutet.

Seite 313 citirt H. N. den Jeruſchalmi, Demāī, 2, 2, ארז שבתילת אנטוכיא מותר. und ſagt: „Holath signifie un „endroit sablonneux," qui formait probablement la campagne d'Antioche; on y cultivait le riz, dont les Talmuds permettent l'usage sans qu'on en ait prélevé le dîme." Wir begreifen nicht, wie H. N. חולת mit „Sandgegend" überſetzen kann! Die Toſiftha, Therumoth, c. 2 hat die Leſeart: ארז שבתחלת אנטוביא, und, wie wir mit Sicherheit nachweiſen werden, ארז שבמחלת אנמוביא, „Der Reis in der Umgegend von Antiochien," heißen muß, da ein Abſchreiber ſtatt eines ש in dem Worte שבתחלת ein ת geſetzt hat. חולת bedeutet: der Kreis, die Umgegend, das Weichbild einer Stadt. Davon abgeleitet iſt das Wort מחולות, „der Tanz," die in einem Kreiſe ſich Herumbewegenden; vergleiche Richter, 21, 21 und 23. In der Miſchna, Erachin, 3, 2, heißt es: חולת המחוז, und Raſchi überſetzt חולת durch „Umgegend," wie מחול הכרם. Vergl. auch Miſchna, Kilaïm, 4, 1, wo מחול nur dieſe Bedeutung haben kann. Der Talmud will ſagen, daß der Reis, der in der Umgegend von Antiochien wächſt, von der vorgeſchriebenen Abgabe befreit iſt. Es iſt auch gegen alle Vernunft

4

zu übersetzen: אורז שבחולת אנטוכיא, „den Reis in der Umgegend von Antiochien," da bekanntlich „der Reis nur in einem wasserreichen, aber nicht in einem sandigen Boden gedeiht!

Seite 319 spricht H. N. über לודקיא und citirt in Note 4 daselbst eine Talmudstelle, Moëd Katon, 26a, welche lautet: לקול יתרי דמזינת קסרי פקע שורא דלודקיא. H. N. übersetzt diese Stelle so: „Cette ville tremblait au bruit des flèches qu'on avait tirées dans Mazaga. Wir wollen eine getreue, wörtliche Uebersetzung dieser angeführten Talmudstelle geben. Daselbst wird erzählt: „Der König Schabor ließ einst 12000 Juden in Mazaga tödten. Da fragt der Talmud: wie ist es möglich, daß dieser König so grausam gegen die Juden verfuhr, da er doch selbst zu Samuel einst gesagt: „Möge es mir Gott gedenken, daß ich nie einen Juden getödtet!"?" Und der Talmud antwortete: „Der König meinte, er habe niemals einen Juden unverdient getödtet; allein daß er 12000 Juden in Mazaga hinrichten ließ, daran waren sie selbst schuld, weil sie sich gegen ihn empört." Die Juden hatten nämlich bei der Kunde, daß der König in einem Treffen geschlagen worden war, ihre Freude über diese Niederlage durch Spiel und Gesang bekundet. Und als Beleg dieses Factums bringt der Talmud einen Bericht des Rab Ama: לקול יתרי דמזינת קסרי פקע שורא דלודקא, „Wegen der Belustigung, die die Juden in Mazaga veranstaltet, als sie von der Niederlage des Königs Schabor hörten, wurden die Mauern von Laodice gesprengt und die Juden getödtet." יתרי bedeutet: Saite, Musik, Spiel und Gesang. H. N. hat wahrscheinlich יתר gelesen und glaubte es von יתד, das im Hebräischen Pfeil, Nagel bedeutet, abzuleiten, und hat dann im Geiste daraus Pfeile geschmiedet. Dieser Satz soll doch als Beweis für das Vorhergesagte, weshalb der König Schabor die Juden gezüchtigt, sein, was aber nach H. N.'s Interpretation: „Die Mauern von Loadice erdröhnten von den Pfeilen, die man auf Mazaga abgeschoffen," keinen Sinn giebt. Seite 327 citirt H. N. in Note 1 die Talmudstelle, Kiduschin, 72a: חביל ימא תבילתא דבבל שוניא וגוביא וציצורא ... תבילתא דחביל ימא und übersetzt diese Stelle: „Hebil-Yama est la couronne de Babel; Schounya, Gobya et Ciçora sont la couronne de Hebil-Yama. תבילתא nimmt also H. N. für „Krone," bleibt uns jedoch den Beweis für die Etymologie des Wortes schuldig. Wir begreifen es aber nicht, wie H. N. dies niederschreiben könnte, da doch aus der Stelle des Talmuds deutlich zu ersehen ist, daß תבילתא unmöglich „Krone" bedeuten kann! Der Talmud spricht daselbst über die fremden Elemente, nämlich heidnische Völker, die sich unter den Juden finden, und er will daher von den Ehebündnissen, die mit Solchen, deren Abstammung zweifelhaft ist, geschlossen werden, warnen. Hier macht der Talmud einige Städte namhaft, die als echte, unverfälschte, von allen Beimischungen der heidnischen Elemente freie und reine Abkömmlinge des Judenthums zu betrachten sind. תבילתא ist das hebräische תכלת, Purpur, und der Talmud will sagen: so wie der Purpur, die echte und unverfälschteste der Farben ist, so sind auch die Einwohner dieser Städte als wahre und rechte Juden zu betrachten, so daß man mit ihnen nach bestem Gewissen ein Ehebündniß schließen kann. Nach H. N.'s Uebersetzung würde der Sinn des Talmuds etwa der sein: „Diese sind die Krone," d. h., sie sind die Hauptstädte, die Metropole von Babylon, das der Talmud gar nicht sagen will. Es kann doch nur eine Hauptstadt in einem Lande geben, und nach H. N.'s Uebersetzung würde die Stelle lauten: Hebil Yama ist die Hauptstadt von Babylonien, und die andern drei Hauptstädte sind wieder die Hauptstädte dieser einen Hauptstadt. Ein Galimatias, wie wir ihn oft beim Verfasser finden! — Allerdings hat H. N. diesen Irrthum Raschi nachgeschrieben. Raschi zur angeführten Stelle giebt diese Erklärung, indem er תבילתא von בליל, die Krone, ableitet, das aber entschieden falsch ist. תבילתא hat mit dem hebräischen בליל, Krone, gar keine Verwandtschaft, und selbst der scharfsinnigste Denker wird hier vergebens eine Aehnlichkeit herausfinden können. תבילתא ist sicherlich das hebräische תכלת, echte Farbe. Raschi ist wohl eine Autorität in Bezug auf die Auffassung und den Geist der Halacha, aber nicht was das kritisch-philologische Fach betrifft. Man sieht, wie H. N. blindlings, ohne dem Geiste des Talmuds Rechnung zu tragen, selbst die Fehler nachgeschrieben hat.

Seite 376 giebt H. N. eine Erklärung über die in Esra, 6, 2 erwähnte Stadt אחמתא und er sagt in Note 5: „Ainsi, אחמתא n'est autre que אח מתא „ville d'amitié. „Il est probable que les rois donnaient à Ekbatana des festins, auquels on invitait les amis. C'etait le Compiègne du temps." Es ist dies wieder eine höchst unglückliche Conjectur, die H. N. macht. Wir vermögen auch nicht zu urtheilen, ob die Bezeichnung für diese Stadt wirklich in der Zend- und Pali-Sprache, die H. N. anführt, zutrifft. Nur so viel wissen wir, daß sie dann die Semiten nicht אח מתא, sondern מתא אחא, und dann in מתאחא zusammengezogen, würden genannt haben. Es ist gegen jede semitische Sprachbildung, „ville d'amitié" durch אחמתא und nicht durch מתאחא auszudrücken.

Seite 389 spricht H. N. über דיסקרתא und citirt einige Talmudstellen, wo Diskartha als der Name einer Stadt vorkommen soll. דיסקרתא bedeutet: eine kleine Stadt, ein Dorf. Möglich daß יודקרתא zu lesen ist, das eine kleine Stadt bedeutet. In Kidduschin, 16a lautet eine Stelle: אמר ר' יוסף יודקרתא קא חזינא הכא „Rabbi Joseph sagte: „Eine ganz kleine Stadt sehe ich hier," d. h., eine geringfügige Sache erblicke ich darin!" und Raschi erklärt das Wort יודקרתא aus יוד und קרתא. י ist der kleinste Buchstabe im Alpha-Beth, und קרתא heißt Stadt, also eine kleine Stadt. Wir wollen

nun die Talmudstellen, auf die H. N. sich beruft und aus denen
deutlich zu ersehen ist, daß דיסכרתא unmöglich ein eigener Name
sein kann, wörtlich wiedergeben. Im Talmud Erubin, 59a lautet
die betreffende Stelle, die H. N. anführt, so: „Als eine Stadt,
die als unbedeutend erscheint, jedoch nur wegen der Zuströmung
des Volkes, das dahin kommt, um den großen Mann daselbst
in wichtigen Angelegenheiten zu befragen, ist der Ort Diskartha,
wo Resch Galutha, das Oberhaupt der Exulanten, gewohnt,
anzusehen." Der Talmud weicht aber von dieser Bezeichnung
wegen des Einwurfes, der dagegen gemacht wird, ab und bezeichnet hingegen den Ort Diskartha, wo ein gewisser Nathsai
gewohnt. Man sieht daraus, daß Diskartha, kein eigener Name
sein kann, da doch zweimal für „kleine Stadt" Diskartha angewendet wird. Es müßte denn erst von H. N. bewiesen werden,
daß es zwei Diskartha gab, das eine, wo Resch Galutha gewohnt und das andere, wo Nathsai war, was ihm zu beweisen
sehr schwer fallen dürfte. Noch deutlicher aber ist dies aus Talmud Megillah, 16a, den auch H. N. anführt, erwiesen. Daselbst
führt der Talmud ein Zwiegespräch, das zwischen Haman und
dem persischen König soll geführt worden sein, an: „Als der
König dem Haman befahl, er soll den Mordechai mit dem kö-
niglichen Purpur bekleiden, da sagte Haman: Wozu diese große
Auszeichnung dem einfachen und schlichten Juden? Er wird sich
glücklich schätzen, wenn Du ihm הדא דיסכרתא, „ein kleines
Dorf," oder חדא דנהרא, „einen Strom" zum Geschenke machst!
Warum würde Haman dem Könige gerade die Stadt דיסכרתא
vorgeschlagen haben? Auch steht im Talmud daselbst: הדא
דסכרתא, Eine kleine Stadt. Wenn דסכרתא der Name einer
Stadt wäre, so dürfte nicht הדא דסכרתא, „Eine Diskartha,"
stehen. Ein dritter Beweis endlich ist aus Gittin, 40a gegeben.
Daselbst lautet eine Stelle: דסרקתא דעבדי und muß übersetzt werden: „ein Marktflecken der Sklaven." Nach H. N's.
Auffassung würde es heißen: die Stadt Diskartha der Knechte
was gar keinen Sinn gebe, da doch aus dem Zusammenhange

deutlich zu ersehen ist, daß es einen Marktflecken, wo Sklaven verkauft werden, bedeutet!

Seite 397 spricht H. N. über בצר קרצום, und in Note 12 daselbst wird eine Stelle aus Aboth Rabbi Nathan, c. 16, wo אבילו קורצא erwähnt wird, citirt. Hier hat sich H. N. wieder versehen, da doch der Ort in der betreffenden Talmudstelle אובילו קורצא heißt. Daß dieses aber bei H. N. kein Druckfehler sein kann, ist aus der Transcribirung des Wortes, denn er schreibt es: „Obilo Kourça," — zu ersehen. Nun wollen wir beweisen, daß dieser Ort unmöglich אובילו קורצא, sondern אבילו קורצא muß geheißen haben. אבילו קורצא ist im Talmud, so wie im Syrischen, eine stehende Form für „Jemanden verleumden." Vergl. Talmud, Baba Bathra, 58a. Im Talmud Gittin, 56a wird erzählt: „Ein Jude wurde einst in Jerusalem bei einem Feste verletzt, und da die Rabbinen auch anwesend waren und keiner seine Partei nahm, so schwur er dem gesammten Judenthume Rache. Er ging nach Rom und sagte zum Kaiser: „Die Juden haben sich wider dich empört! Wenn du aber meinen Worten keinen Glauben beimißt, so schicke durch mich ein Opfer, und du wirst dich überzeugen, daß man es in Jerusalem nicht annehmen wird." Der Kaiser übergab ihm das Opfer. Auf dem Wege brachte dieser Mann dem Thiere einen Fehler bei, um es als Opfer unfähig zu machen. Als er nach Jerusalem kam und man das Opfer wegen des Fehlers nicht annehmen wollte, da rief er freudig bewegt aus: איל ואיבל ביה קורצא „Nun will ich die Juden beim Kaiser verleumden!" Nach Talmud, Megillah, 16a soll Haman aus Kefar Karzum gewesen sein. Wahrscheinlich ist es, daß man diese Stadt mit dem Namen קרצום, „Verleumder," wegen des Verleumders Haman, der die Juden beim persischen Könige zu verleumden suchte, wie im Buche Esther berichtet wird, brandmarken wollte. Es ist also deutlich, daß diese Stadt אובילו קורצא und nicht אבילו קורצא heißen müßte.

Seite 399 spricht H. N. über תמוד und citirt eine Talmudſtelle, Jebamoth, 17a, wo geſagt wird, daß תמוד noch vor תדמור zerſtört wurde. H. N. hält תמוד für ein Land, denn er ſagt: „Ce pays „fut dévasté avant Tharmoud," dit un talmudiste," während im Talmud daſelbſt ausdrücklich תמד als eine Stadt bezeichnet wird. H. N. fährt fort: Il est possible que Thamoud est un nom imaginaire, crée pour produire un jeu de mots avec Thamoud." H. N. ſcheint die angegebene Stelle im Talmud nicht geſehen zu haben, denn ſonſt würde er zu ſeiner Ueberraſchung gefunden haben, daß er auch ein Stück Talmud abgeſchrieben! Der Talmud ſagt daſelbſt ausdrücklich, daß תמוד und תדמור identiſch iſt. Wir wollen daher eine getreue, wörtliche Ueberſetzung dieſer betreffenden Talmudſtelle geben. Der Talmud ſagt: „Israel wird einen feſtlichen Tag begehen, wenn Tharmud wird zerſtört werden." Es waren nämlich viele heidniſche Elemente in dieſer Stadt, die ſich mit den Israeliten vereinigten und die die Reinheit des Volkes trübten. Nun fragt der Talmud: „Tharmud iſt ja doch ſchon zerſtört worden?" Da antwortet der Talmud: „Das war Thamud!" Rab Aſcha ſagt aber: „Tharmud und Thamud ſind identiſch, nur iſt der Sinn des Satzes: „Tharmud iſt zerſtört worden," ſo zu erklären: wenn es auf der einen Seite zerſtört wurde, ſo iſt es wieder auf der anderen Seite aufgebaut worden, und ſomit hat eine gänzliche Zerſtörung der Stadt noch nicht ſtattgefunden." H. N. citirt in der Note 3 daſelbſt H. Wieſner, der im „Ben Chamanjah" einen Artikel über תמד geſchrieben, und wahrſcheinlich hat er die Talmudſtelle aus dieſer zweiten Quelle geſchöpft, ohne den Talmud geſehen zu haben, und hat glücklicher Weiſe ein Stück Talmud abgeſchrieben.

Seit 411 ſpricht H. N. über das in Jeruſchalmi, Demaï, 5, 2 erwähnte קרטיגנא und ſagt: „Il est possible pourtant que ce soit Carthagène, en Espagne, ou il aurait pu exister une communauté juive au deuxième siècle." Wir haben ſchon in unſerer erſten Schrift, Seite 19, ſowohl auf den Widerſpruch als auch auf die Unhaltbarkeit dieser Annahme hingewiesen. Wir sagten daselbst, daß H. N. den Jeruschalmi, Schebiith, 6, 1, wo Karthageni genannt wird, wahrscheinlich nicht gesehen, denn sonst würde er dies nicht gesagt haben: „Karthagena sei vielleicht in Spanien zu suchen." Wir haben daselbst nur die Stelle angeführt, ohne auf die Deduction und auf den Beweis, wie er sich aus der Stelle ergiebt, näher einzugehen, weil wir annahmen, daß jeder sofort den Beweis herausfinden wird; allein da wir in einer uns zugekommenen, freundlichen Zuschrift darüber befragt wurden, so sehen wir uns veranlaßt, hier ausführlich darüber zu sprechen. Im Jeruschalmi daselbst heißt es: „Drei Länder hat Gott den Israeliten nicht zugetheilt, und Eliasar ben Jacob macht sie namhaft: אביא ותדקי וקרטיגנא, Asya, Turki und Karthagena." Karthagena kann doch hier unmöglich als Stadt gemeint sein, da doch der Talmud ausdrücklich von Ländern spricht, wie würde er in der Aufzählung der Länder eine Stadt anführen! Wir glauben noch einen andern Beweis geben zu können, daß das im Talmud so oft erwähnte Karthagena unmöglich eine Stadt in Spanien sein kann. Im Talmud, Thamid, 32a wird erzählt, daß Kaiser Alexander auf seinem Kriegszuge in ein Land kam, wo nur Frauen waren und eine Frau daselbst regierte. Im Midrasch, Vajikra rabba, c. 27 wird dieselbe Geschichte erzählt, und da wird gesagt: „Er kam in ein Land, das קרטיגנא, Karthigena, hieß. Der Talmud scheint hier die griechische Sage von der Entstehung Carthagos aufgenommen zu haben. Dido verließ, so erzählt die Fama, nachdem ihr Gemahl getödtet worden war, ihre Heimath, ging nach Afrika und gründete daselbst eine Stadt, die im Phönicischen Kartha-hadtha, „Neustadt," das bei den Griechen zu Καρχηδών corrumpirt wurde — benannt war. Möglich ist es, da doch die Stadt so oft im Talmud nur in der Form קרטיגנא vorkommt, daß sie bei den Griechen auch Καργαγυνη, „die Stadt von einer Frau gegründet," aus קרתא, die Stadt, und γυνή, die Frau, zusammengesetzt, und später zu Carthago sich verkürzt, genannt wurde. Bemerken müssen wir noch, daß es nicht befremden darf, wenn die Stadt im Talmud mit ב geschrieben wird und somit unsere Ableitung von קרתא nicht stichhaltig scheint; im Talmud, Jeruschalmi, Demai, 5, 2 wird sie als קרתגייא erwähnt, wo die reine Form קרתא sich erhalten hat. Wir können nicht umhin, die Auffassung des gelehrten Bochart über die Benennung Carthagos hier mitzutheilen. Er sagt in Chanaan, lib. I. c. XXIV. p. 511: „Dido hat die Stadt Carthago nicht neu erbaut, sondern nur in bessern Stand gesetzt und sie mit einer Festung, die sie בצרה, d. i. „einen festen Ort" nannte, versehen. Weil nun das hebräische Wort בצרה von den Griechen Bysra ausgesprochen wurde, das griechische Wort βυσρα aber eine Ochsenhaut heißt, so ist daraus die bekannte Fabel entstanden, daß Dido zur Erbauung der Stadt Carthago nicht mehr Land verlangt, als man mit einer Ochsenhaut bedecken kann, die sie aber nachher in Riemen zerschnitt und eine große Gegend damit umfassen ließ." Es ist also aus den beiden angeführten Talmudstellen, wo קרטיגנא erwähnt wird, deutlich zu ersehen, daß nicht Carthagena in Spanien gemeint sein kann, es müßte denn H. R. erst beweisen, daß Alexander auch nach Spanien gekommen war, wo, der Sage nach, eine Frau herrschte. Aus der Erzählung im Talmud daselbst, daß die Frauen dem Alexander goldene Schüsseln mit goldenen Speisen zum Essen vorgesetzt, ist auch erwiesen, daß Carthago gemeint ist. Auch Hieronymus übersetzt: תרשיש סחרתך, Ezechiel, 27, 12, mit Carthago. Daß aber unter תרשיש nicht Spanien gemeint sein kann, ist zur Genüge erwiesen. Ein dritter Beweis endlich ist der, daß der Talmud ausdrücklich sagt: אויל לחדא מדינתא דשמא קרטיגנא „Alexander ging nach einem Lande, das Carthageni hieß", und somit nicht die Hafenstadt Carthagena in Spanien gemeint sein kann.

II.

Wir kommen nun zu der uns gestellten zweiten und mühsamen Aufgabe, nachzuweisen, daß von den 432 Seiten, die das Werk enthält, Alles buchstäblich aus andern Werken abgeschrieben ist, und somit H. N. nichts als höchstens das Titelblatt zugeschrieben werden kann. Bevor wir jedoch an unsere Aufgabe gehen, erlauben wir uns einige Bemerkungen zur Orientirung des geehrten Lesers vorauszuschicken. Im Jahre 1846 erschien von dem gelehrten Joseph Schwarz in Jerusalem sein Werk „Tebuoth Haarez," in hebräischer Sprache geschrieben, das die Geographie Palästinas behandelt. Joseph Schwarz, der ein ausgebreitetes, talmudisches Wissen, verbunden mit einem gesunden, kritischen Geiste, besaß, hat aber auch andere Quellen, wie Joseph., Eusebius, Ptolomäus und das neue Testament, die er häufig anführt, benutzt. Im Jahre 1852 erschien von Dr. Israel Schwarz eine deutsche Bearbeitung dieses Werkes „das heilige Land," mit gelehrten Noten von Kirchheim versehen. Wir müssen jedoch hier bemerken, daß die deutsche Uebersetzung keine ganz getreue ist. Im Jahre 1861 erschien von Joseph Schwarz ein Nachtrag zu diesem genannten Werke, „Peri Tebuah" genannt, in welcher der Verfasser viele Verbesserungen und Noten zu dem ersten Werke giebt. Damit wir aber soviel als möglich unsern zweiten Theil, der doch für die Wissenschaft kein besonderes Interesse hat, obschon dem mit diesem Fache speciell sich Beschäftigenden vieles Material geboten werden soll — abkürzen, so werden wir immer anstatt „Tebuoth Haarez" einfach Schwarz sagen, und der geehrte Leser wolle sich merken, daß wir mit der Bezeichnung „Schwarz" sein Werk „Tebuoth Haarez" meinen. Wo H. N. aber aus seinem zweiten Werke „Peri Tebuah" abgeschrieben, da werden wir schon sowohl das Werk als auch die Seitenzahl angeben. Das ist das Hauptwerk, aus dem H. N. seine „Geographie des Talmuds" wörtlich abgeschrieben. H. N. war jedoch in der Art seiner Entlehnungen, die, wie es sich herausstellen wird, als mala fides bezeichnet werden müssen, nicht wählerisch. Die geschickte Hand des Verfassers ist auf jedem Blatte zu erkennen und wahrzunehmen, allein den Geist und die schöpferische Kraft, nach denen wir mühsam gesucht und geforscht, vermißen wir! Einen ziemlich starken Beitrag lieferte auch der rühmlichst bekannte Rapoport aus seinem in hebräischer Sprache geschriebenen Werke „Erech Millin," das leider nur auf den Buchstaben א sich erstreckt, und deshalb auch bei H. N. die geistreichsten, gelehrtesten und ausführlichsten Artikel unter dem Buchstaben א zu finden sind. Einen nicht minder starken Beitrag müssen wir auch dem in hebräischer Sprache geschriebenen Werke „Erez Kedumim" von Kaplan zusprechen. Dies Alles soll durch Beweise, die unwiderlegbar sind, gezeigt werden. Was H. N. aus Werken, wie Reland, Wiener, Raumer ꝛc., die Jedermann zugänglich sind, entlehnt, das wollen wir nicht anführen. Unsere Aufgabe ist, nachzuweisen, daß H. N. sein gekröntes Werk Schwarz's „Tebuoth Haarez" mit Zuhülfenahme Rapoport's „Erech Millin" und Kaplan's „Erez Kedumim" wörtlich abgeschrieben. Seite 3 und 4 spricht H. N. über die Ausdehnung Palästinas, bei Schwarz, Seite 2b. — Seite 5 bespricht H. N. die Grenzen: 1. die einst verheißenen Grenzen, die aber niemals von den Israeliten in Besitz genommen wurden. 2. die Grenzen, die die Israeliten zur Zeit des ersten Tempels besessen haben. 3. die Besitzungen, die sie unter Esra und Nehemia, bei der Rückkehr aus Babylonien, besessen hatten. Vergl. Schwarz, S. 2b. — Hierauf führt H. N. zwei Mischnas an: Hallah, 4, 8 und Schebiith, 6, 1; bei Schwarz, S. 2b und 3a — Seite 7 giebt H. N. in Note 1 fünf verschiedene Talmudstellen an, bei Schwarz dieselben Citate, Seite 3b — Zur f. Seite die Note 4 über הר ההר, bei Schwarz, Seite 13a — Seite 8 citirt H. N. das Targum Jeruschalmi, das die Stelle in Numeri, 34, 8, חמת לבא durch אנטוביא למעל „gegen Antiochien hin" übersetzt, und sagt in Note 4 daselbst: „Le Targoum de Pseudo-

Jonathan rend ce passage par מעלך לטבריא „vers Tibériade," ce qui est évidemment une faute des copistes."
Wörtlich nachgeschrieben Schwarz, Seite 13b und 14b. — Seite 10 giebt Herr N. eine Tabelle, auf der die von den verschiedenen Talmuden angegebenen Grenzen Paläftinas, wie fie zur Zeit des zweiten Tempels von den Israeliten erobert wurden, verzeichnet stehen. Die eine Columne enthält die Angabe des Jeruschalmi, Schebiith, 6, 1; die zweite die der Tofiftha, Schebiith, c. 3; die dritte die des Sifri, sect. Ekeb und die vierte die des Jalkut, sect. Ekeb. Dieselben Angaben der verschiedenen Redactionen bei Schwarz, Seite 19b und 20a, vergl. auch Rapoport in seinem Erech Millin, Seite 208. Nun geht H. N. auf die Erklärung dieser Namen, die die Seiten von 11—22 umfassen, näher ein, dasselbe bei Schwarz, Seite 19b — 22b. Wir müssen noch hinzufügen, daß die Conjectur, die H. N. zu Seite 14 macht, nebst allen gelehrten Citaten aus den Talmuden, ja selbst das Citat aus der Liturgie von Hanuka, wörtlich Schwarz, Seite 66b und in seinem Peri Tebuah, Seite 44 nachgeschrieben ist. — Seite 19. spricht H. N. über תרנגולא עילאעא דקיסרין, das obere Tarnegola, nahe an Cäsarea. Der ganze Artikel mit allen Conjecturen wörtlich abgeschrieben von Schwarz, Seite 106a. Nun wollen wir H. N. nachweisen, daß er schlecht abgeschrieben und somit seine Worte geradezu unverständlich sind. H. N. sagt: „Serait-ce la ville de Γάδαρα, que Josephe (Ant., 18, 6, 10 cite comme ville fortefiée en Galilée? le mot גבר signifie en effet „coq" comme Tarnegola, mais Gabara ne se trouve pas au-dessus de Césarée de Philippe." Daß aber das Citat Gabara kein Druckfehler sein kann und etwa Gabara lauten müßte, ist doch deutlich aus dem Citat bei Joseph., wo wirklich Gabara vorkommt, erwiesen! Nun fragen wir: was hat Gabara mit גבר, „coq" gemein? Nun wollen wir Schwarz sprechen lassen. Er sagt: „Ornithou und Zareftha, die bei Plinius, 4, 19 erwähnt werden, sind unstreitig

Zarfath und Tarnegolah, denn das Griechische ὄρνις ist das chaldäische Tarnegol, תרנגול, und das hebräische גבר, Hahn, und daher auch mit der Stadt identisch, die Joseph. (vita c. 25, 45, 51, 61) „Gabara," eine der drei größten Städte in Galiläa, nennt." H. N. hat sich versehen und hat gelesen Gabara und citirt wirklich eine Stelle aus Joseph., wo Gabara erwähnt wird, das aber keinen Sinn giebt. Oder sollte H. N. meinen, daß die bei Joseph. genannte Stadt Gabara in Gabara zu emendiren sei? Warum sagt aber das H. N. nicht? Allerdings kommen bei Joseph. solche Verwechselungen dieser beiden Namen vor. Salvador in der Geschichte der Römerherrschaft in Judäa 147f. sagt, daß die bei Joseph. im jüdischen Krieg, 3, 7, 1 erwähnte Stadt Γαδαρέων in Γαβαρέων zu emendiren sei. Allein H. N. verschweigt dies und es muß das daher bei ihm auf ein Versehen beruhen.—Seite 22 giebt H. N. wieder eine Tabelle mit zwei Columnen, die eine enthält die Angabe des Jeruschalmi, Damai, 2, 1 und die zweite die der Tosiftha, Schebiith c. 3; dieselbe Angabe bei Schwarz, Seite 106b. und 107a. Hier müssen wir eine merkwürdige Sache constatiren. Von Seite 22—24, wo H. N. eine nähere Erklärung über diese Namen, wie man erwartet, geben sollte, citirt er blos nach Nummern die Namen, ohne etwas darüber zu sagen, und versieht selbe größtentheils mit Fragezeichen. Auch Schwarz daselbst weiß nichts Näheres anzugeben und schweigt, somit hat die Gelehrsamkeit des H. N. einen Bruch bekommen, und er begnügt sich daher mit lauter Fragezeichen!—Seite 24 giebt H. N. eine dritte Tabelle mit fünf Columnen über die in den Talmuden verzeichneten Meere, bei Schwarz, Seite 27b — Seite 25 spricht H. N. über den See Tiberias, bei Schwarz, Seite 30a — Seite 26 spricht H. N. über den See Samochonitis, bei Schwarz, Seite 27b. Wir haben schon in unserer ersten Schrift, Seite 28, gesagt, daß das, was H. N. in Note 2 daselbst sagt: „Die Ableitung aus dem arabischen سمك „Fisch," ist nicht zuläſſig," falſch iſt, da es doch keinem Gelehrten einfallen wird, von سمك „Fiſch," ſondern von سمك „hoch ſein," abzuleiten und es dann dem Namen ים מרום entſpräche. Wir haben unſere Angabe bei Schwarz daſelbſt beſtätigt gefunden. Er ſagt: סמך bedeutet im Arabiſchen „hoch ſein," und das entſpräche dem Namen מי מרום. H. N. hat aber Schwarz's Worte entſtellt, indem er ſagt: „L'explication du nom de ce lac par le mot arabe samak „poisson," n'est pas satisfaisante."— Zur f. Seite ſpricht H. N. über das todte Meer, wörtlich mit allen Citaten aus den Talmuden und Joſeph. bei Schwarz, Seite 28b und 29a und die beiden Noten daſelbſt. — Seite 27 wird über das Meer Hultha geſprochen, bei Schwarz, Seite 28a. — Seite 28 ſpricht H. N. über das Meer Ja'aſer. Der ganze Artikel ſammt den Noten dazu wörtlich bei Kaplan, t. I. p. 177 und Schwarz, Seite 121a.— Dann werden die drei Meere, Scheljath, Apamea und Hamaz nur flüchtig erwähnt, bei Schwarz, Seite 28b. — Seite 29 ſpricht H. N. über die Flüſſe, die im Talmud verzeichnet ſtehen, bei Schwarz, Seite 33a — Seite 30 behandelt H. N. den Jordan, bei Schwarz, Seite 31a — Seite 31 ſpricht H. N. über den Fluß Jarmuk mit Angabe einer Talmudſtelle, Miſchna, Parah, 8, 9, bei Schwarz, Seite 33a. Befremdet hat uns aber, woher H. N. anzugeben weiß daß dieſer Fluß heute „Scherirath - el - Mandhur" genannt wird, da er ſonſt bei ſolchen Fällen immer die Quelle dafür, aus der er es geſchöpft, angiebt! Da H. N. den Orient nicht bereiſt hat, ſo muß es doch höchſt auffallend erſcheinen, woher er dies genommen! Doch iſt das Räthſel gelöſt, wenn man Schwarz, der bekanntlich in Paläſtina gelebt und ſelbſt Studien über die Geographie des Talmuds gemacht, lieſt. Bei den übrigen Flüſſen citirt allerdings H. N. den Schwarz; doch müſſen wir hinzufügen, daß die bei H. N. angeführten Talmudcitate bei Schwarz angegeben ſind. — Seite 33 ſpricht H. N. über den Fluß Sambatjon. Der ganze Artikel, ſo wie die Sage über dieſen Fluß aus den Talmuden und Midraſchim und die vom

Talmud abweichende Angabe bei Joseph., daß dieser Fluß gerade am Sabbath nicht ruht, nebst dem Citate aus Plinius, ist wörtlich abgeschrieben aus Rapoport's „Erech Millin," Seite 231. H. N. sagt in dem betreffenden Artikel: „Robinson identifie ce cours d'eau avec le Nahr-el-Arus qui could entre les villes d'Arka et de Raphanéa," und in Note 8 macht H. N. dazu eine geistreiche Conjectur, er sagt: „Cette ville est peut-être designée sous le nom ערכת לבנה (Arka-sur-Liban), dans le Talmud de Bab., Bechoroth 57b; Bereschith rabba, ch. 37." Wörtlich bei Rapoport daselbst! Wir begreifen aber nicht, warum H. Neubauer den Robinson und nicht den Joseph. und Plinius, die dasselbe sagen, anführt? H. N. schreibt einen ganzen Artikel mit den gelehrten Citaten und geistreichen Ideen wörtlich ab, ohne den Verfasser zu erwähnen! — Seite 34 wird über die warmen Quellen mit Angabe der Talmudstellen gesprochen, bei Schwarz, Seite 123a und 144a — Zur . Seite sagt H. N.: „L'Ammaüs des Grecs [vient du mot hébreu Hama (חמה) „être chaud," et on emploie généralement cette dénomination pour tous les endroits où se trouvent des eaux thermales," nachgeschrieben Rapoport's Erech Millin, Seite 111, der sehr scharfsinnig nachweist, wie so die Griechen das Ammaüs aus חמה gebildet. Auch den Joseph., den H. N. zu Seite 35 als Beweis dieser Ansicht anführt, citirt auch Rapoport als Beweis dafür. — Seite 37 sagt H. N.: „Le Midrasch (Bereschith rabba, ch. 33) mentionne également les trois sources qui sont restées ouvertes après le déluges. Il les nomme: „les sources de Tibériade, d'Ablonim et de la grotte de Panéas." Les deux derniers endroits ne sont mentionnés nulle part comme possédant des eaux thermales;" zu Seite 260 sagt H. N. wieder dasselbe: „Quant au mot Ablonim, endroit où, d'après le Midrasch, on rencontre des eaux thermales, nous avons vu que c'est une faute de copiste," wörtlich nachgeschrieben Schwarz, Seite 108b. Auffallend ist uns, wie so H. N. diese

Bemerkung unten zu Seite 260 in dem Artikel Abolim noch einmal macht, da dort der Platz dafür gar nicht ist, zumal er es schon hier, wo über die warmen Quellen gesprochen wird, gegeben hat! Doch da Schwarz diese Bemerkung unter dem Artikel Abolim macht und H. R. auch diesen ganzen Artikel von Abolim abgeschrieben hat, wie wir dies zur Stelle nachweisen werden, so hat er es auch dort aufgenommen. — Seite 38 spricht H. R. über die Gebirge; bei Schwarz, Seite 33b — Zur j. S. behandelt H. R. den Libanon mit Angabe der Talmudstellen, bei Schw., Seite 33b und 104b — Seite 39 spricht H. R. über den Schneeberg, Hermon, den das Targum mit טור תלגא übersetzt, vergl. Kaplan, t. I. p. 153. H. R. giebt daselbst an, daß ein Theil dieses Berges Djebel el-Theldj genannt wird, ohne eine Quelle anzuführen. Das sagt Schw., Seite 34a in Note 1. — Seite 40 spricht H. R. über die Wüste Zin, der ganze Artikel sammt Note 6 daselbst wörtlich bei Schw., Seite 10b. — Seite 41 spricht H. R. über טור מלבא, wörtlich bei Schw., Seite 41b und 42b. — Seite 42 bespricht H. R. noch einige Gebirge, die in der Mischna, Rosch Haschana, 2, 3, angegeben sind, bei Schw., S. 45b. Hier haben wir wieder eine Merkwürdigkeit zu constatiren, die das Verfahren des H. R. zur Genüge beleuchten wird. In Note 1 daselbst wirft H. R. Schwarz ein Versehen vor, weil er sich bemüht, einen Ort חרים, der in der angeführten Mischna erwähnt wird, aufzufinden, H. R. sagt: „Wie kann Schwarz sich bemühen einen Ort חרים aufzufinden, da doch die Stelle in der Mischna אף חרים וביר וגדר von einem Copisten entstellt worden sei, und die Stelle vielmehr lauten muß: אף הרי מכוור וגדר, „das Gebirge Machärus?" Das sagt Schwarz selbst in seinem Nachtrage „Peri Tebuah," S. 64a und berichtigt sich! H. R. schreibt Schwarz wörtlich ab und benutzt zugleich die Berichtigungen des Verfassers, um ihn anzugreifen! — Daß aber H. R. den „Peri Tebuah" benutzt und gänzlich abgeschrieben, und somit auch das gesehen haben muß, das wird sich im Verlaufe unserer

Arbeit herausstellen. — Seite 43 spricht H. R. über den Berg Ga'asch. Wie er hier mit Reland verfährt und wie er ihn abgeschrieben, ohne das Wichtige anzugeben, das haben wir in unserer ersten Schrift, Seite 21, gezeigt. — Seite 44 spricht H. R. über den Berg צלמון, bei Schw., S. 76a. — Seite 45 spricht H. R. über בית חדוד und sagt in Note 1 daselbst: „Dans la rédaction de la Mischna, conservée dans le Talmud de Jérusalem, on lit בית חורון au lieu de בית חדוד, ce qui est évidement une faute des copistes." Wörtlich nachgeschrieben Schw., S. 81b. Note 1. H. R. hat vergessen anzuführen, daß auch Maimonides in seinem Commentar zur Mischna daselbst בית חורון liest. — Seite 45 spricht H. R. über die Ebenen, bei Schw., S. 41ab. — Seite 47 spricht H. R. über die Ebene von Scharon, und nachdem er die Erzählung über die schwache Bauart der Häuser in Scharon aus dem Talmud anführt, erklärt er die Stelle in Jeruschalmi, Sotah, 8, 7, und Jeruschalmi, Joma, 5, 3, wo gesagt wird, daß der Hohepriester am Versöhnungstage ein Gebet, daß ihre Häuser nicht ihre Gräber werden mögen, für sie verrichtet, dadurch, weil ihre Wohnungen aus schwachem Material gebaut waren. Wörtlich nachgeschrieben Schw. in seinem „Peri Tebuah," S. 47a. Merkwürdig ist nun Folgendes. H. R. führt zu Seite 49 Grätz's Erklärung an, verwirft aber dieselbe und giebt dann diese Erklärung. Grätz's Erklärung steht aber in Schwarz's „Tebuath Haarez," S. 41b, die er in seinem später verfaßten Werke „Peri Tebuah", widerruft und die von H. R. angeführte als bessere giebt. Nun wollen wir beweisen, daß H. R. den ganzen Artikel von Schwarz abgeschrieben. Der Commentar Korban Edah, der dem Jeruschalmi beigedruckt ist, giebt schon zur Stelle Joma, 5, 3, ganz dieselbe Erklärung. Schwarz hat allerdings das Verdienst, die Sache durch eine Belegstelle aus Talmud Sotah, 43a näher beleuchtet zu haben. H. R. muß also die Stelle nicht im Original gesehen haben, sondern sie von Schwarz nur abgeschrieben, denn sonst würde er gefunden haben, daß diese einzige und richtige Erklärung der Talmudstelle nicht neu ist. — Seite 50 spricht H. N. über die Ebene von מסלף mit Angabe einer Talmudstelle, bei Schw., Seite 94a — Seite 53 spricht H. N. über מעלה אדומה. Ueber die Citate aus Hieronymus und über die Conjectur bezüglich der Bedeutung von אדמים, vergl. Kaplan, t. I. p. 7 und Schw., S. 53b. Seite 54—58 spricht H. N. über die Eintheilung Paläſtinas, bei Sch., Seite 39—40b. Bis hierher hat H. N. Schwarz Schritt auf Schritt gefolgt, von jetzt an gehen sie in dem Plane, die Geographie des Talmuds kritisch zu unterſuchen, auseinander. Schwarz behandelt die Geographie nach den 12 Stämmen, während H. N. eine andere Richtung einschlägt — und darin liegt der ganze Unterschied — und sie nach den verschiedenen Gebieten, wie Judäa, Ober- und Untergaliläa, Samaria etc., eintheilt. — Seite 59—65 wird über die Eintheilung Palästinas, wie es zur Zeit der Zerstörung des zweiten Tempels bis auf die Zeit der Mischna bestanden hat, gesprochen; vergl. Rapoport's „Erech Millin," Seite 208, dem das Alles nachgeschrieben ist. Wir fügen noch hinzu, daß die Note 1 und 2 zu Seite 60 auch aus Rapoport's „Erech Millin," Seite 213 genommen sind. — Seite 63 wird über Lod gesprochen, der ganze Artikel mit allen Citaten bei Schw., 55b und 126b, und „Peri Tebuah," Seite 39a und 66a. Vergl. Rapoport's „Erech Millin," S. 73. — Seite 64 giebt H. N. in Note 2 eine Erklärung über die scharfe Auslassung im Talmud gegen die Lydier; das sagt schon Kirchheim in einer Note in Schwarz's, „das heilige Land," Seite 105. — Seite 65 spricht H. N. über נרד mit Angabe zweier Talmudstellen, des Targums Jonathan und des Hieronymus, alle diese Citate bei Schw., S. 60b. — Seite 66 und 67 ist ein langer Artikel über גבל, die Talmudcitate, so wie die Erklärung über die Mischna in Sotah, 49b wörtlich bei Kaplan, t. I. p. 31 und die Note daselbst. — Seite 68 wird über כפר דרום mit Angabe einer Talmudstelle gesprochen; bei Schw., S. 65a. — Zur f. Seite wird über ברור חיל gesprochen und dazu fünf Talmudstellen, wo Varianten vorkommen, angeführt;

bei Schwarz., Seite 64b und פְּרִי תְּבוּאָה, S. 64b. — Seite
69. wird über אַשְׁקְלוֹן gesprochen, der ganze Artikel sammt
Note 8 bei Schw., Seite 56a. Zu Seite 70 in demselben
Artikel macht H. R. eine geistreiche Conjectur und sagt: „Der
Ort קֶבֶר גָּדוֹל, „das große Grab," den die Tosiftha, Oholoth,
c. 18 erwähnt, ist unbekannt; jedoch die andern Namen daselbst
werden in der Bibel erwähnt. תָּרְעַיִן ist vielleicht das aramäische
Wort für שְׁעָרִים, das in Josua, 15, 36, erwähnt wird."
Wörtlich bei Schwarz Seite 57b. — S. 71 spricht H. R.
über כְּפַר דִּיכְרִין, bei Schwarz Seite 76a. — Seite 72
spricht H. R. über גִּבְתוֹן; der ganze Artikel mit allen Citaten, so wie die Note 1 zu Seite 73, wo H. R. nachzuweisen glaubt, daß im Midrasch Bereschith rabba, c. 61 מֵעָבוֹ
וְעַד אַנְטִיפְרַס ein Fehler ist und מִגִּבְתוֹן וְעַד אַנְטִיפְרַס zu
lesen vorschlägt, wörtlich bei Schw., Seite 67a und b. — Seite
73 spricht H. R. über יַבְנֵה und sagt: „Jabneh ist gewiß das
יַבְנְאֵל, das Josua, 15, 11 erwähnt wird." Das sagt schon
Massius, der das sehr geistreich nachweist. Vergl. Rosenmüllers
Althk. II, 2, S. 366. — H. R. wird vielleicht sagen, daß er
Massius, Rosenmüller und Keil in seinem Commentar zu Josua
nicht gesehen; allein wir wollen ihm beweisen, daß er Kunde
davon gehabt. H. R. wird wohl nicht in Abrede stellen, daß
er Kaplan benützt; und Kaplan citirt schon ad vocem יַבְנֵה
diese Meinung von Andern. Man sieht, daß H. R. Kaplan
abgeschrieben, und selbst das, was Kaplan von Andern citirt,
giebt H. R. als sein geistiges Product aus! Alles Uebrige in
dem Artikel ist zu lesen in Ropport's, Erech Millin, Seite 4;
Kaplan, t. I, p. 163 und Schwarz, S. 56a. — Seite 76 spricht
H. R. über קוּבִי mit Angabe einer Talmudstelle, bei Schw., S.
76a. — Zur s. Seite wird über לוּד gesprochen und in Note
6 weist H. R. nach, daß im Talmud, Bezah, 5a אִילַת מִן הַצָּפָן
ein Fehler ist und אִילַת מִן הַדָּרוֹם dafür zu lesen sei. Nachgeschrieben Schw., S. 109b und Rapoport's Erech Millin, S.
55. Seite 77 in demselben Artikel macht H. R. eine interes-

jante Bemerkung über בן סטדא, „ben Stada," der im Talmud Sabbath, 104b erwähnt wird, das Ganze wörtlich aus Grätz, Geschichte der Juden, 2. Auflage, 3. Band, S. 242 in einer Note daselbst abgeschrieben. Die übrigen Citate über Lod bei Schw., Seite 58a und Peri Tebuah, S. 39a b. — Seite 81 spricht H. N. über בית דגן שביהודה mit Angabe einer Talmudstelle und des Eusebius; bei Schw., S. 58a. — Zur s. Seite spricht H. N. über נגות צריפין mit Angabe einer Talmudstelle, bei Schw., S. 79a. — Zur s. Seite spricht H. N. über כפר סיפורייא mit Angabe zweier Talmudstellen, bei Schw., S. 64a. H. N. sagt daselbst: „Kefar Sipouriya (Jeruschalmi Kiduschin, 3, 15) est probablement identique avec Beth Schifouriya dont la plaine est mentionnée dans le Midrasch Vajikra rabba, ch. 22 בבקעת בית שפורייא." Wörtlich bei Schw. daselbst. — Zur s. S. spricht H. N. über כפר בקיעין mit Angabe zweier Talmudstellen, wörtlich bei Schw., S. 76a. — Zur s. Seite wird über יפו gesprochen, der ganze Artikel wörtlich bei Schw., S. 77b. Allerdings citirt H. N. zu Seite 82 in Note 1 Schw.; allein wir sehen uns dennoch zu dieser Bemerkung veranlaßt, weil nicht nur die eine Note, sondern der ganze Artikel aus Schw. abgeschrieben ist. — Seite 82 spricht H. N. über בני ברק, bei Schw., Seite 77b. Auffallend ist uns wieder die Angabe, die H. N. macht. Er sagt: „Bené Berak est sans doute identique avec la localité actuelle Ibn Ibrak (près de Joppé)." H. N. giebt wieder keine Quelle an, woher er dieses geschöpft. Nun entsteht die Frage: woher weiß H. N., daß es ein Ibn Ibrak giebt? Die Frage findet jedoch ihre Beantwortung, wenn man Schw. zur angeführten Stelle liest! Zur s. S. wird die Mischna, Menachoth, 9, 7, erklärt, vergl. Schw., S. 98a. — Seite 83 werden verschiedene Talmudstellen bezüglich עמולים angeführt, bei Schw., Peri Tebuah, S. 67a. — Seite 85 wird über חדיד mit Angabe einer Talmudstelle und zweier Stellen aus I Macc., 12, 38 und 13, 13 gesprochen; dieselben Citate auch bei Schw., Seite 74b. Auch die Schlußworte bei H. N.: „Il existe encore aujourd'hui dans cette direction un endroit appelé el Hadithé," sind bei Schw. daselbst zu lesen. — Zur f. Seite spricht H. N. über אוג mit Angabe dreier Talmudstellen, dasselbe bei Schw., 75a. — Zur f. Seite spricht H. N. über אגטמשדים; dieser Artikel ist zusammengesetzt aus Schw., S. 78b und Peri Tebuah, S. 46b und aus Rapoport's, Erech Millin, S. 149, bei denen alle Talmudstellen und selbst die Citate aus Joseph. angegeben sind. — Seite 91 spricht H. N. über קיסרי, vergl. Schw., S. 66b und 78b und Peri Tebuah, S. 50b. — Seite 97 spricht H. N. über בעל שלשה, wörtlich bei Schw., S. 86b und bei Kaplan, t. I. p. 71. — Seite 98 spricht H. N. über גמזו, der ganze Artikel bei Schw., S. 75b. H. N. sagt daselbst: On trouve un village Djimzu, non loin de Lod, qui est sans doute le même que le Guimzo de la Bible et des Talmuds." Wörtlich bei Schwarz daselbst. — Zur f. Seite spricht H. N. über חדשה mit Angabe einer Talmudstelle und eines Citats aus 1. Macc. 7, 39; wörtlich bei Schw., S. 57b. — Seite 99 spricht H. N. מדיעים mit Angabe einer Talmudstelle und der Macc., wörtlich bei Schw., S. 54b. — Zur f. Seite wird über בעלת gesprochen, und auf Seite 100 in demselben Artikel in Note 2 citirt er einen Jeruschalmi, Sanhedrin, 1, 2, wo ein Irrthum vorkommt und er eine richtigere Leseart giebt. Das Alles wörtlich bei Schw., S. 79ab. Nun wollen wir schlagend beweisen, daß H. N. dies Alles Schwarz nachgeschrieben, ohne den Jeruschalmi gesehen zu haben. Der Commentar Korban Edah, der dem Jeruschalmi beigedruckt ist, bemerkt schon dies und giebt schon dieselbe Verbesserung. Von einem solchen bekannten Werke, wie der Korban Edah ist, hätte H. N. gewiß nicht abgeschrieben, allein er glaubte, da er den Jeruschalmi nur in Schwarz's Werk gesehen, daß Schwarz diese Conjectur macht. — Seite 100 spricht H. N. über אמאוס, Emmaus, wörtlich mit allen Citaten aus Rapoport's, Erech Millin, Seite 110. — Seite 102 wird über חמנה mit Angabe einer Talmudstelle und des Eusebius gesprochen, bei Schw. S. 59b und Kaplan, t. II, p. 252. — Seite 103 spricht H. N. über ביתר, dieser Artikel reicht bis zur Seite 115; vergleich. Schwarz, Seite 78b und Grätz Geschichte, 3. Band, Seite 174 und Note 21. Hier müssen wir wieder die künstliche Gewandtheit, wie sie H. N. handhabt und den Dingen einen gelehrten Anstrich zu geben weiß, bewundern! Seite 110 citirt H. N. Herrn Herzfeld, der das in der Mischna, Challah, 4, 10 erwähnte Bettar als einen außerhalb Palästinas gelegenen Ort betrachtet, wie allerdings aus der Mischna deutlich zu ersehen ist, da man doch die Abgabe, die ein gewisser Nithaï aus Bettar brachte, nicht annehmen wollte, weil Bettar nicht zu Palästina gehört und somit von den Abgaben befreit ist. H. N. bekräftigt die Ansicht des H. Herzfeld, indem er sagt, daß der Jeruschalmi eine von dem Talm. Babli verschiedene Lesart hat und ביתר anstatt ביתר, wie in der Mischna steht, liest. Schw., Seite 37a führt die Ansicht des Josefoth Jom Tob an, der in seinem Commentar zur angeführten Mischna sagt, das darunter die Stadt Bettar, nahe an Jerusalem gelegen, gemeint ist, und Schwarz widerlegt ihn und sagt, daß die Lesart in der Mischna nicht richtig ist, da doch der Jeruschalmi und noch andere Handschriften ביתר und nicht ביתר lesen. Schwarz's Widerlegung gegen den Josefoth Jom Tob hat H. N. benutzt, um H. Herzfelds Ansicht zu bekräftigen! — Seite 116 spricht H. N. über לחי, bei Schw., S. 64a. — Seite 119 wird über אילת gesprochen, bei Schw., S. 109b und bei Rapoport in seinem Erech Millin, S. 55. — Seite 120 wird über שלמיא mit Angabe einer Talmudstelle gesprochen, bei Schw., Peri Tebuah, S. 64a. — Seite 121 wird über מעין gesprochen, der ganze Artikel bei Schw., S. 97b. H. N. citirt allerdings Schwarz in diesem Artikel, giebt aber S. „78" an, was wohl ein Versehen sein mag. — Seite 122 wird über בית עוברי gesprochen, dieser ganze Artikel mit den Citaten ist zusammengesetzt aus Schw., S. 64a, und aus Rapoport's Erech Millin, S. 49. In Note 5 daselbst glaubt

H. R. wieder einen Fehler im Talmud entdeckt zu haben und giebt daher eine andere Lesart an. Diese Bemerkung machen schon Schwarz und Rapoport zur angeführten Stelle. — Seite 127 wird über דביר gesprochen. Wir haben schon in unserer ersten Schrift, Seite 21, nachgewiesen, daß dieser ganze Artikel wörtlich Kaplan nachgeschrieben ist. — Seite 127 wird über עניים mit Angabe zweier Talmudstellen gesprochen, wörtlich bei Schw., S. 57a und 65a und bei Kaplan, t. II, p. 132. — Seite 128 wird über בית נטופה mit Angabe einer Talmudstelle gesprochen, der ganze Artikel wörtlich aus Kaplan, t. II, p. 100 abgeschrieben. Daß die gelehrte Note 7 in demselben Artikel dem Aruch ad vocem נטף wieder nachgeschrieben ist, das haben wir in unserer ersten Schrift, Seite 21, nachgewiesen. — Zur s. Seite wird über תקוע gesprochen, der ganze Artikel ist genommen aus Grätz's Geschichte, 3. Band, Note 37 und Schw., S. 63b und Kaplan, t. II. p. 258. Zu S. 131 in demselben Artikel sagt H. R., daß das bei Hieronymus erwähnte Bethacharma gewiß das Beth-hakarem ist, das Jeremias, 6, 1, erwähnt, und das bei Jeremias erwähnte wieder dasselbe ist, das im Talmud als בקעת בית הברם erwähnt wird. Dieselben Worte bei Kaplan, t. I. p. 57. Befremdet hat uns wieder, daß H. R. die Talmudstelle, wo בקעת בית הברם vorkommt, ausnahmsweise nicht verzeichnet. Wie kann man eine Geographie des Talmuds schreiben, ohne die Stellen zu verzeichnen? Wir glauben jedoch, den Grund entdeckt zu haben. H. R. hat das, wie wir gezeigt, Kaplan nachgeschrieben, da aber bei Kaplan die Talmudstelle nicht richtig verzeichnet ist, und H. R. sie somit nicht gefunden, so hat er es unterlassen, um kein falsches Citat anzuführen. Kaplan verzeichnet die Stelle als zu Talmud Nidah, 19a, was gewiß ein Druckfehler ist, denn die Stelle ist Nidah. 20a; auch Mischna, Midoth, 3, 4. — Seite 132 wird über עין טים gesprochen, bei Schw., Seite 63b und ausführlich S. 155a—156a und Peri Tebuah, S. 64b, dem Alles wörtlich nachgeschrieben. H. R. sagt daselbst, daß das in der Mischna, Jebamoth, 12, 7,

erwähnte כפר עיטם vielleicht mit עין עיטם identisch sei, das
sagt schon Schwarz in seinem Peri Tebuah, zur angeführten Stelle.
H. N. führt daselbst in der Note an, daß der Jeruschalmi כפר
איבום anstatt כפר עיטם liest. Die Angaben sind in dieser
Mischna unzuverlässig und verschieden. Alfasi hat die Lesart
כפר עכו, und was am wahrscheinlichsten zu sein scheint. H. N.
hätte das auch anführen müssen. Also das ist Alles, was uns
H. N. über עין עיטם aus dem Talmud anzugeben weiß. Warum
erwähnt aber H. N. nicht eine wichtige Stelle in Talmud
Sabbath, 145b und Bechoroth, 44b, wo ein merkwürdiger Ausspruch des Rab bezüglich En-Etam angeführt wird? Wahrscheinlich weil sie Schwarz nicht angiebt! — Zur f. Seite wird
über כפר תמרתא שביהודה mit Angabe einer Talmudstelle
gesprochen, bei Schw., S. 65a — Zur f. S. über בית ערבה,
vergl. Kaplan, t. I, p. 62. — Von Seite 134—152 wird Jerusalem behandelt, vergl. Schw., S. 146—152b. — Seite 152
wird über הוצל mit Angabe einer Talmudstelle gesprochen, bei
Schw., S. 75a. — Zur f. Seite wird über מגדל עדר gesprochen,
vergl. Kaplan, t. I. p. 58. — Zur f. Seite wird über המוצא mit
Angabe einer Talmudstelle gesprochen, bei Schw., S. 71a. Wir
haben schon in unserer ersten Schrift, Seite 22, nachgewiesen,
daß die Note 1 auf Seite 153 in demselben Artikel wörtlich
dem Aruch ad vocem קלוניא nachgeschrieben ist. — Seite 153
spricht H. N. über הר צביעים mit Angabe einer Talmudstelle,
bei Schw., Seite 75a und Kaplan, t. II, p. 174. — Seite
154 spricht H. N. über ענת und sagt: „Anath n'est pas
nommé dans la Bible; nous l'identifierons avec Anathath
(Josué, XXI, 18.) ville du prophète Jérémie„ au nord du
Jérusalem." Wörtlich bei Kaplan, t. II. p. 142. Die Talmudstelle, Jeruschalmi, Berachoth, 4, 1, die H. N. anführt, bei
Schw., S. 71a. — Zur f. S. wird über בית חורן mit Angabe einer Talmudstelle gesprochen, bei Schw., S. 82b. und
in seinem Peri Tebuah, S. 64b. — Zur f. Seite und zu
S. 155 wird über מבמם und זנוחא mit Angabe einer Tal-

mudstelle gesprochen, der ganze Artikel, so wie die betreffenden
Noten, in denen H. R. eine bessere Leseart im Talmud anzugeben glaubt, bei Schw., S. 72b und 73a. — Seite 155 wird
über עפרים mit Angabe einer Talmudstelle, des Hieronymus
und des Eusebius gesprochen, bei Schw., S. 70a und 89b und
bei Kaplan, t. II, p. 143. — Zur f. Seite wird über בית אל
gesprochen, der ganze Artikel ist wörtlich bei Schw., S. 47b. —
Seite 157 wird über עי mit Angabe einer Talmudstelle, des
Joseph. und des Samaritaners gesprochen, das Alles bei Schw.,
S. 46b und 47a. — Zur f. Seite wird über בצנא mit Angabe
dreier Talmudstellen gesprochen, wörtlich bei Schw., S. 70b. —
Seite 158 wird über מעלה אדומים gesprochen und H. R. will
es mit dem in Midrasch Ruth erwähnten חקל סמרתא identificiren, bei Schw., S. 53b, Note 2. — Zur f. Seite wird über
שילה und zur Seite 159 über תאנת שילה gesprochen, wörtlich nachgeschrieben Schw., S. 82a, in Note 1 und in seinem
Peri Tebuah, S. 40b. H. R. hat wieder Schwarz's Angriff
auf den Talmud als sein geistiges Product angegeben, ohne
die Rechtfertigung, die Schwarz in seinem Nachtrag, in Peri
Tebuah, zur bezeichneten Stelle giebt, zu erwähnen. Wir
würden schon H. R. seine Plagiate vergeben, wenn er
wenigstens auch die Rechtfertigung, womit der Verfasser sich bemüht den Talmud von Irrthümern rein zu waschen, anführen
würde! H. R. gefällt sich aber darin, dem Talmud Irrthümer
nachweisen zu können; unterläßt es aber — und nur in diesem
Falle — dem Verfasser auch die Rechtfertigung des Talmuds nachzu-
schreiben!!! — Seite 159 wird über עקרבה mit Angabe einer Talmudstelle und des Joseph. gesprochen, wörtlich bei Schw., S. 109b. Hier
müssen wir wieder als Charakteristicon das Verfahren des H.
R. näher beleuchten! Schw. sagt daselbst: „Lange Zeit habe ich
mich vergeblich abgemüht, das im Talmud erwähnte Akrabah
aufzufinden, was mir aber nicht gelungen ist. Doch Preis sei
dem Herrn, der meinen Geist beleuchtet und mich den Ort auf-

finden ließ!" Nun giebt er die nähere Erklärung: Er hat südlich von Seilon einen Ort Akrabah gefunden, den Joseph. so oft unter den Namen „Acrabatena" erwähnt; dieser Ort liegt 13 Stunden nördlich von Jerusalem, und er hält ihn bestimmt für das im Talmud erwähnte Akrabah, das auch der Talmud als eine Tagereise von Jerusalem entfernt angiebt. Das sagt auch H. R. daselbst. H. R. hat gewiß kein Dankgebet für diesen glücklichen, geistigen Fund an Gott gerichtet!. Es ist das auch nicht nöthig, da es ihm doch nicht Gott, sondern Schwarz gegeben hat!!! — Seite 160 wird über עין גדי gesprochen, vergl. Schw., S. 121b und 141a. — Seite 161 wird über ירחו gesprochen. Wir haben schon in unserer ersten Schrift, Seite 23, nachgewiesen, daß der ganze Artikel Kaplan nachgeschrieben ist. — Seite 163 wird über נערן mit Angabe zweier Talmudstellen und des Eusebius gesprochen, bei Schw., S. 82b und 93b. H. R. sagt daselbst: „C'est sans doute la ville biblique de Naaran qui se trouve, selon Eusèbe, à cinq milles de Jéricho." Vergl. Rosenmüller und Keil in ihrem Commentar zu Josua, 16, 17. Warum erwähnt aber H. R. nicht eine Stelle bei Joseph., Ant., 17, 13, 1, wo Nεαρα vorkommt? — Seite 168 wird über גבעת פנחס mit Angabe einer Talmudstelle gesprochen, wörtlich bei Schw., S. 85b. Dasselbe mit Angabe der citirten Talmudstelle bei Rosenmüller in seinem Commentar zu Josua, 24, 33. — Zur f. Seite wird über שכם mit Angabe zweier Talmudstellen und des Joseph. gesprochen, wörtlich bei Schw., S. 85b und Peri Tebuah, S. 65a und 65b. Zur S. 169 in Note 2 in demselben Artikel sagt H. R.: „Bamidbar rabba, ch. 23, ושבם בהר אפרים זהי נפולין; au lieu de נפולין il faut peut-être lire גבולין." Das sagt schon Schw. zur angeführten Stelle. Vergl. überdies die Note Kirchheim's zu Schwarz's „das heilige Land," Seite 118. Alle übrigen Citate aus dem neuen Testamente und Hieronymus bei Schw., S. 89a. Auf Seite 170 und 171 in demselben Artikel, wo noch zwei Talmudstellen erwähnt werden, bei Schw. S. 90b. — Seite 171 wird über

שמרך. mit Angabe einer Talmudstelle und des Joseph. gesprochen, wörtlich bei Schw., S. 85a. In Note 10 daselbst citirt H. R. eine Stelle aus Megillath Taanith, c. 8, wo לים בוסמי erwähnt wird, und H. R. conjicirt ganz richtig, daß es לסבוסטי „Sebaste," heißen muß. Das sagt schon Schw. zur angeführten Stelle in Note 1. — Seite 172 wird über תרצה gesprochen. Wir haben schon in unserer ersten Schrift, S. 23, nachgewiesen, daß Alles wörtlich Kaplan nachgeschrieben ist. — Zur s. Seite wird über בונדקא mit Angabe einer Talmudstelle gesprochen, wörtlich bei Schw., Seite 79a. Zur Seite 173 führt H. R. zwei Varianten aus den beiden Talmuden an, vergl. Rapoport in seinem Erech Millin, S. 13. — Zur s. Seite spricht H. R. über ברקתא mit Angabe einer Talmudstelle, wo ישישבר איש כפר ברקאי erwähnt wird. H. R. sagt, daß es das heutige Burkim ist, welches mit dem bei Joseph. in jüdischen Kriegen, 3, 3, 4, erwähnten Bortües identisch ist. Das Alles wörtlich bei Schw., S. 94a und in seinem Nachtrage, in Peri Tebuah, S. 65b. Man sieht, wie blindlings H. R. selbst die Fehler Schwarz nachgeschrieben hat, da doch, wie wir in der ersten Abtheilung gezeigt, כפר ברקאי als nomen gentile von בני ברק, bene Berak, ist! — Seite 174 wird über בית שאן gesprochen, vergl. Schw., S. 84a und Peri Tebuah, S. 45a, so wie Kaplan, t. l. p. 64. Es fiel uns auf, daß H. R., der so oft bei biblischen Namen den Eusebius benutzt hat, ihn hier nicht anführt, was doch sehr wichtig wäre! Eusebius übersetzt בית שאן mit οἶκος ἐχδροῦ. Es scheint daß Eusebius בית שנא anstatt בית שאן gelesen hat, was vielleicht nur auf eine metathesis literarum zurückzuführen sein dürfte. — Von Seite 177—188 wird über Galiläa im Allgemeinen gesprochen. Wir wollen nicht länger dabei verweilen, weil wir bei der Specificirung der Oerter Alles genau nachweisen werden. Nebenbei sei bemerkt, was H. R. auf S. 179 in Note 3 sagt, daß der bei Joseph erwähnte Name Σαλώ mit הבסלות, Josua, 19, 18, identisch ist, schon Keil in seinem Commentar zu Josua bemerkt. Vergl. Raumers Palästina, S.

123 und Robinson, III, 417. — Seite 188 wird über תנעם und נעים mit Angabe einer Talmudstelle gesprochen, wörtlich bei Schw., S. 94a. — Zur f. Seite wird eine Stelle aus Jeruschalmi, Megillah, 1, 1 über die in Josua, 19, 15 erwähnten Städte angeführt und auf Seite 189 ausführlich erklärt, wörtlich bei Schw., S. 95 a b. — Seite 191 wird über צפורי gesprochen, der ganze Artikel ist bei Schw., S. 95a. Wir haben schon in unserer ersten Schrift Seite 23 schlagend und unwiderlegbar nachgewiesen, daß die Note 6 zu S. 193 Kaplan nachgeschrieben ist. Der zweite Theil der betreffenden Note über קסטרא של צפורי ist wieder, wie wir auch daselbst nachgewiesen haben, aus dem Aruch abgeschrieben. Wir glauben jedoch unsere Worte betreff des Letztern rectificiren zu müssen und zu sagen, daß es nicht dem Aruch, sondern wahrscheinlich Schwarz nachgeschrieben ist, der zur Seite 96b eine geistreiche und gelehrte Note darüber hat, ohne auch den Aruch zu nennen. Schwarz kann aber schon deshalb des Plagiats nicht beschuldigt werden, weil er noch ganz andere Belege, als im Aruch enthalten sind, beibringt. Bemerken müssen wir noch, daß auf Seite 192 in Note 7 H. N. einen Midrasch, ohne die Stelle anzugeben, nach Reland(!) citirt. Auch zu Seite 194 in Note 7 tritt uns diese abnormale Erscheinung, eine Talmudstelle nach Reland zu citiren, entgegen. H. N. hat in der „allgemeinen Zeitung des Judenthums" auf unsere Frage: „Warum er Talmudstellen nach Burtorf und Reland citirt?" die einfache Antwort gegeben: „Weil es mir so gefällt!" — Seite 195 wird über טבעין gesprochen, vergl. Schw., S. 93b und Peri Tebuah, S. 45a, dem alle Citate nachgeschrieben sind. — Seite 196 wird über ערדיסקא gesprochen, vergl. Schw. in seinem Peri Tebuah, S. 45a und Grätz's Geschichte, III. Band, Note 33. — Zur f. Seite wird über קסטרא gesprochen, bei Schw., S. 91?. — Zur f. Seite wird שכמינה mit Angabe zweier Talmudstellen gesprochen, bei Schw., S. 106a. — Zur f. Seite wird über חיפה mit Angabe dreier Talmudstellen gesprochen, wörtlich bei Schw., S. 105b. H. N.

sagt daselbst: "Heifer est probablement la ville de Gaba que Josèphe place près du Carmel." Wörtlich bei Schw. daselbst. H. N. sagt ferner, daß es nicht mit dem im Talmud Sabbath, 26a erwähnten חיפה, wo man die Schnecke fängt, identisch sein kann, vergleiche Schw. daselbst in Note 1. Daß ferner H. N. in Note 6 daselbst Reland einen Irrthum nachzuweisen glaubt, weil Reland חלזון für den Namen einer Stadt hält, haben wir schon in unserer ersten Schrift, Seite 7, nachgewiesen, daß Reland, S. 819 die Talmudstelle Sabbath, 26a ganz richtig übersetzt: "Venatores muricis a scalis Tyriis usque ad ¡Hepham." Wenn er daher p 720 חלזון als den Namen einer Stadt nimmt, so mag das nur ein lapsus calami sein. Jedenfalls ist H. N. verpflichtet zu sagen, daß Reland in einer ausführlichen Stelle, wo dieser Satz wörtlich bei ihm angeführt und übersetzt wird, und somit maßgebender als die erste Stelle, wo der Namen nur allein erwähnt wird, ist, sich berichtigt. H. N. hat doch gewiß diese Hauptstelle bei Reland gesehen! Allein wie gesagt, er gefällt sich darin, Andern Irrthümer nachzuweisen. — Seite 198 wird über שמרעם gesprochen, bei Schw., S. 96b. — Seite 199 wird über אישא gesprochen, der ganze Artikel ist wörtlich aus Rapoport's, Erech Millin, S. 232 abgeschrieben. — Seite 200 wird über בית שערים gesprochen, bei Schw., S. 96b. — Zur f. Seite wird über חסר mit Angabe einer Talmudstelle gesprochen, bei Schw., S. 50b und 77a. — Seite 202 wird über שידין mit Angabe von sechs Talmudstellen und des Joseph gesprochen, wörtlich bei Schw., S. 97a und 96b in der Note daselbst. — Seite 203 spricht H. N. über רומא und sagt in Note 3 daselbst: "Josèphe (Ant., X, V, 2) rend רומה par Ἄβουμα, ce qui est probablement une faute de copiste, pour Ἄρουμα." Das bemerkt schon Cotta in einer Note in seiner deutschen Übersetzung daselbst. — Zur f. Seite wird über יודפת gesprochen, der ganze Artikel mit allen Citaten aus dem Talmud und Joseph. wörtlich bei Schw., S. 97a und Peri Tebuah, S. 48a. — Seite

204 wird über סיכנין mit Angabe einer Talmudstelle gesprochen, bei Schw., S. 101b. — Zur f. Seite wird über ערב mit Angabe dreier Talmudstellen gesprochen, bei Schw., S. 107a. — Seite 205 wird über בבול mit Angabe dreier Talmudstellen gesprochen, bei Schw., S. 104a und 97a und bei Kaplan, t. II. p. 28. — Seite 206 wird über בירי mit Angabe einer Talmudstelle gesprochen, bei Schw., S. 102a. — Seite 207 citirt H. R. eine Stelle aus Jeruschalmi Megillah, 1, 1 über die in Josua, 19, 35, erwähnten fünf Städte, wörtlich bei Schw., S. 99b. Zum Schluß dieses Artikels auf Seite 208 führt H. R. den Joseph. an, der einen Ort Ἀμμαοῦς, unweit von Tiberias gelegen, mit warmen Quellen versehen, erwähnt, und den er für חמת, das auch der Talmud als unweit von Tiberias bezeichnet, hält. Dasselbe bei Schw. zur angeführten Stelle. — Seite 208 wird über טברי״א gesprochen, bei Schw. in seinem Anhange zu diesem Werke, wo er über die wichtigsten Städte Palästinas ausführlich spricht, S. 51b. Zur Seite 212 in demselben Artikel in Note 4 sagt H. R. daß im Jeruschalmi, Kilaim, 9, 5, wo כנישתא עתיקתא דסרונגין erwähnt wird, vielleicht דסרונגין zu lesen sei, vergl. Schw., S. 93b. — Seite 215 wird über צנברי״ mit Angabe dreier Talmudstellen und des Joseph. gesprochen, wörtlich bei Schw., S. 98a und Peri Tebuah, S. 65b. — Zur f. Seite wird über בית ירח gesprochen, der ganze Artikel sammt Note 2 auf S. 216 mit den gelehrten Citaten bei Schw., S. 65a und 139b und in Rapoport's Erech Millin, Seite 196 ad vocem אריח. — Seite 216 wird über מגדלא gesprochen, bei Schw., S. 102b. H. R. sagt: „Il est possible que Migdal-El de la Bible (Josua, 19, 38) soit identique avec la Magdala des Évangiles et des Talmuds." Vergl. Rosenmüller in seinem Commentar zu Josua daselbst. Er sagt: „מגדל אל videtur eadem urbs fuisse, quae Matth., XV, 39 Μαγδαλα hodie Meschdal vocatur, in littore maris Gallilaei, haud procul a Tiberiode." — Zur f. S. wird über מגדל נוניא mit Angabe einer Talmudstelle gesprochen, bei Schw. in seinem Peri

Tebuah, S. 65b. Hier hat H. N. vergeßen, die geistreiche Conjectur, die Schw. macht, anzuführen. Er sagt, daß das im Talmud erwähnte מגדל נוניא vielleicht in מגדל לוניא zu emendiren wäre, was dann מגדלוניא, „Magdolonia," gebe. — Zur f. Seite wird über מגדל-צבעיא gesprochen, bei Schw., S. 102b und Peri Tebuah, S. 48a. — Seite 218 wird über בית מעון gesprochen, bei Schw., S. 97b. In Note 7 zu diesem Artikel citirt H. N. einen Midrasch (Bereschith rabba, c. 85), wo בעל שובתי, als unweit von Palästina gelegen, angegeben wird, und sagt: „Cette dernierère localité pourrait être identifiée avec le village actuel Kefr Sabt, au sud-ouest de Tibériade." Es muß doch höchst befremden, woher H. N. weiß, da er doch keine Quelle dafür angiebt, daß dieser Ort existirt? Das ist aber wörtlich Schw., S. 98a nachgeschrieben. In demselben Artikel auf Seite 219 in Note 2 weist H. N. dem Parchi einen Irrthum nach; das ist wieder wörtlich Schw., S. 97b nachgeschrieben. Nun soll aber auch Schw. seinen Theil haben, und H. N. kehrt nun die Spitze gegen den, dem er sein ganzes Werk buchstäblich abgeschrieben und der ihm zu der großen Ehre seines gekrönten Werkes verholfen! H. N. sagt in der erwähnten Note: „Jl est curieux que se savant (Schwarz) appelle cette localité מעון et ne parle presque pas de Beth Maon. M. Schwarz idendifie encore Maon, que nous avons cité en Judée, avec Beth-Mahon." Gerade heraus gesagt, das ist eine Unwahrheit! H. N. hat entweder die Worte des gelehrten Schwarz absichtlich entstellt, oder er hat sie nicht verstanden! Schwarz citirt doch da, selbst den Jeruschalmi, Megillah, 1, 1, בנין הדא בית מעון? Ferner, wenn Schw. dieß nicht gewußt und sich erst von H. N. belehren lassen muß, wie konnte er Parchie ein Versehen, das doch H. N. von Schw. abgeschrieben, nachweisen? Schwarz sucht nur den Irrthum, den Raschi zu Sebachim, 118b begangen, indem er sagt, daß man von Maon aus nach Schilo sehen kann, zu rechtfertigen, sagt aber zum Schluße ausdrücklich, daß nach

Jeruschalmi Megillah, 1, 1, wo ausdrücklich בית מעון steht, Raschi nicht zu rechtfertigen ist. Man muß nur den Artikel bei Schw. im Original lesen und sehen, wie wörtlich H. N. ihn abgeschrieben, um das Verfahren des H. N. beurtheilen zu können! — Seite 219 wird über ארבל gesprochen, der ganze Artikel sammt allen Citaten aus Talmud, Midraschim, aus dem neuen Testamente und Hieronymus, aus Rapoport's Erech Millin, Seite 191 und Schw., S. 102b wörtlich abgeschrieben. — Seite 220 wird über ברזים gesprochen, alle Citate aus dem Talmud, dem neuen Testamente und Hieronymus, bei Schw., S. 102a. — Seite 221 wird über בפר נחום mit Angabe dreier Talmudstellen gesprochen, wörtlich bei Schw., S. 102a. In Note 7 in demselben Artikel sagt H. N.: „Aïn-et-Tin est peut-être identique avec la localité עין תאנה qu'on mentionne dans le Midrasch Kohelet, II, 2." Das ist wieder aus Schwarz's Peri Tebuah, S. 49b abgeschrieben. — Seite 224 wird eine Erklärung über den schwierigen Vers, (Josua, 19, 34) וביהודה הירדן gegeben. H. N. verwirft daselbst Ewald's Conjectur, indem er etwas Neues zu geben glaubt. Er sagt in der Note daselbst: „Nous croyons que le texte protait וביד הירדן et qu'un copiste, par inadvertance, plaça le ה deux fois, ce qui a produit ובידה הירדן. Les Masorèts qui n'etaient plus certains du sens de ce mot, ont ajouté un autre ה encore; voilà comment nous lisons maintenant וביהודה הירדן au lieu וביד הירדן „bord du Jourdain"." Wir waren erstaunt, in einer Geographie des Talmuds, wo doch H. N. wenig Rücksicht auf die biblische Geographie genommen, Exegese zu finden! Doch da Alles Schwarz nachgeschrieben ist, durfte auch hier keine Lücke bleiben. Auch Schw., S. 100b erklärt diese schwierige Stelle. Doch das, was H. N. sagt, ist nicht neu, er hat die Sache nur etwas umschrieben. Schon Clericus schlägt vor ובידות anstatt וביהודה, wie Exod., 2, 5 und Deuteron., 2, 37, zu lesen. — Seite 224 wird ein Jeruschalmi, Megillah, 1, 1 über die in Josua, 19, 33 erwähnten sieben Städte citirt, bei Schw., S. 99a. — Seite

226 wird über כפר חנניא gesprochen, bei Schw., S. 101a. —
Zur j. Seite wird עברה mit Angabe einer Talmudstelle und
des Joseph., jüdischer Krieg, 2, 20, 6 und vita 37, wo Ἀχαβαρω
erwähnt wird, gesprochen, wörtlich bei Schw., S. 101b. — S.
227 wird über צפת gesprochen, und H. N. sagt, daß צפת allerdings in der Bibel nicht vorkommt, jedoch im Jeruschalmi, Reich
Haschana, 2, 2 wird es erwähnt. H. N. hat aber auch einen
andern glücklichen Fund gemacht. Er sagt, daß das bei Joseph.
im jüdischen Kriege, 2, 20, 6, erwähnte Σέφ gewiß mit dem
צפת im Talmud identisch ist. Wörtlich bei Schw., S. 40a und
in seinem Anhange, wo er besonders über die wichtigsten Städte
Palästina's spricht, S. 50a. Wir haben schon in unserer ersten
Schrift, Seite 8, H. N. den Irrthum, daß er sagt: „Zefath
kommt in der Bibel nicht vor" nachgewiesen, allein er hat auch
das wörtlich Schw. nachgeschrieben. Beide leiten sie ihren Artikel
über צפת mit denselben Worten ein. H. N. sagt: „Cefath n'est
pas mentionné daus la Bible," und Schwarz sagt: „צפת לא
נזכרת במקראי קדיש „Zefath kommt in der heiligen Schrift
nicht vor." — Seite 228 wird über מרון gesprochen, bei Schw.
S. 101a und in einer Note zuletzt, und ausführlicher noch mit
allen Citaten bei Kaplan, t. II, p. 90.— Seite 230 wird über
בירי gesprochen, bei Schw., S. 102a.— Zur j. Seite wird über
גוש חלב gesprochen, alle Talmudstellen, so wie zwei Citate aus
Joseph. und die Bemerkung, daß es mit dem in Richter, 1, 31
erwähnten אחלב identisch ist, bei Schw., S. 106a. — Seite 231
wird über בית דגן mit Angabe einer Talmudstelle gesprochen,
bei Schw., S. 104a.— Zur j. S. wird über יבנ gesprochen,
alle Talmudcitate, so wie Note 1 zu Seite 232 in demselben
Artikel, wo H. N. wieder eine Verbesserung im Talmud vor-
nimmt, da sichtlich der Fehler eines Copisten vorliegt, wörtlich
nachgeschrieben Schw., S. 3b und S. 105a und Peri Tebuah,
S. 47b. Die Note 2 zu Seite 233 über לולב haben wir schon
in unserer ersten Schrift, Seite 25, nachgewiesen, daß sie Neland

nachgeschrieben ist. — Seite 234 wird über כפר סמאי gesprochen, alle Talmudcitate bei Schw., 101b. — Seite 235 wird über באינה ובאימה gesprochen, wörtlich bei Schw., S. 100a. — Seite 263 wird über סגיאס gesprochen, der ganze Artikel wörtlich bei Schw., S. 36a und Kaplan, t. I. p. 115. — Seite 237 wird über קמרין gesprochen, wörtlich nachgeschrieben Schw., S. 78a und 106a und Peri Tebuah, S. 50b. — Seite 238 wird über סוסיתא gesprochen, der ganze Artikel mit allen Talmudcitaten, so wie die Angabe aus Joseph. und Macc., 1, 5, 13, bei Schw., S. 106b und 122b. Wir haben schon in unserer ersten Schrift, Seite 25, nachgewiesen, daß das, was H. N. sagt: „סוסיתא entspricht dem griechischen ἵππος," schon Reland sagt. Wir glauben uns wieder berichtigen zu müssen. Das sagt auch Schw., S. 106b, und da H. N. Schw. Alles nachgeschrieben, so scheint er auch dies von ihm genommen zu haben. — Seite 240 spricht H. N. über גמלא mit Angabe einer Talmudstelle und des Joseph., wörtlich bei Schw., S. 103a; vergl. überdies sein Pardes, S. 107a, wo er über die Talmudstelle und über die Stelle in Joseph. ausführlich spricht. — Seite 243 wird über גדר gesprochen, sämmtliche Citate bei Schw., S. 123a — Seite 245 wird über נוה gesprochen, alle Citate aus dem Talmud und Midraschim wörtlich bei Schw., S. 89a in der Note daselbst. — Seite 246 wird über חלמיש mit Angabe einer Talmudstelle gesprochen, bei Schw., S. 124a. — Zur j. Seite wird über עשתרות קרנים mit Angabe einer Talmudstelle gesprochen, bei Schw., S. 117b. Alles Andere, was H. N. sagt, daß עשתרות קרנים mit dem Καρναϊν in Macc., 5, 43, 44, identisch sei, so wie die Citate aus Eusebius, sieh' bei Rosenmüller, Alterthumf. Vol. II. P. I, p. 278. — Seite 247 wird über רגב mit Angabe einer Talmudstelle und des Eusebius gesprochen, bei Schw., S. 123a. H. N. sagt daselbst, indem er sich auf Eusebius bezieht: „Il a peut-être en vue la province biblique d'Argob, que la version samaritaine rend par Rigobaah et le Targoum d'Onkelos par Tarkhouma (Tra-

chonitide)." Wörtlich bei Schw. daselbst und bei Kaplan, t.
I. p. 29. — Seite 248 wird über בית נמרה mit Angabe zweier
Talmudstellen gesprochen, bei Schw., S. 121b. und bei Kaplan,
t. I, p. 69. — Zur s. S. wird über תרעלה und S. 249 über
עמרי mit Angabe einer Talmudstelle und des Joseph. gesprochen,
bei Schw., S. 121b und 122a. — Seite 250 spricht H. R.
über גלעד und citirt einen Midrasch Samuel, c. 13, wo Gilead
mit גרש übersetzt wird. Vor Allem müssen wir angeben, daß
das Citat ein unrichtiges ist, da diese Stelle in c. 30 und nicht
c. 13, wie sie H. R. verzeichnet, ist. Bei dieser Gelegenheit
sei hier eine Bemerkung bezüglich der Note, die Kirchheim zu
Schwarz's,["das heilige Land," S. 178 macht, erlaubt. Kirchheim
sagt: „Die Araber nennen die ganze Gebirgskette Gilead,
Dschebel Dschelad und auch Dschebel Gidj; dieser Name findet
sich schon im Midrasch zu Samuel, 24, 6, wo er zu ויבאו הגלעדה
sagt הוא גרש „dies ist Gidj." Es ist wirklich auffallend, wie
einem Manne, wie Kirchheim, ein solches Versehen unterlaufen
kann! H. Kirchheim hat sich versehen, oder, was wahrscheinlicher ist, daß in dem ihm vorgelegenen Midrasch ein Druckfehler
war. Der Midrasch hat die Lesart גרש, Djerasch. H. Kirchheim hat in Folge dieses Versehens, weil er glaubte, daß im
Midrasch „Gidj" steht, sich dies so zurecht gelegt und sagt, daß die
Araber diese Gebirgskette Dschebel Gidj nennen. Dieser Name
existirt nicht und auch kein Reisender weiß etwas davon zu berichten. Wir haben einen Gewährsmann, H. Consul Wetzstein,
der diese Gegend bereiste, gefragt, und er sagte uns, daß er niemals von den Einwohnern daselbst dergleichen gehört. Ueberall
wird nur der Name Djerasch erwähnt. Saadja übersetzt auch
גלעד mit גרש. Auch Hieronymus in seinem Commentar zu
Obadia sagt: cunctam possidebit Arabiam, quae prius vo-
cabatur Gaalad et nunc Gerasa nuncupatur. — Zur f.
Seite wird über מחנים mit Angabe einer Talmudstelle gesprochen,
vergl. Kaplan, t. II. p. 73. — Seite 252 in Note 7 erklärt

H. R. das Wort גמטרא durch castra, vergl. Schw., S. 96a in der Note daselbst. — Seite 253 wird über נבו mit Angabe einer Talmudstelle gesprochen, b. Schw., S. 120a. — Seite 254 wird über קִלְדָּהּ mit Angabe einer Talmudstelle gesprochen, bei Schw., S. 119b. — Zur f. Seite wird über בצר gesprochen, der ganze Artikel mit allen Citaten aus dem Talmud und aus Macc., 1, 5, 26 wörtlich bei Schw., S. 111b, 117b, und 120a; auch bei Kaplan, t. I, p. 75. — Seite 256 wird über צער gesprochen, wörtlich mit allen Stellen aus dem Talmud und aus Joseph. bei Schw., S. 11a. Wir können nicht unterlassen, die geistreiche Conjectur, die H. R. macht, hier zu erwähnen. Er sagt zum Schluße: „Le Midrasch (Vajikra rabba, ch. 24) mentionne un endroit, Cihour, qui est peut-être une variante de Çoar." Vor Allem müssen wir H. R. sagen, daß er sich im Lesen wieder geirrt, da doch in der angeführten Stelle nicht צידור sondern ציתור steht! Allein zugegeben, daß daselbst צידור stünde, welchen Beweis hat H. R., daß es das biblische צער ist? Welche Gemeinschaft hat ציתור, oder צידור mit צער, da doch im Talmud stets die biblische Form vorkommt? Wenn man solche Conjecturen machen will und die wildesten Sprünge sich erlaubt, dann kann man freilich ganze Stöße von Folianten niederschreiben!! — Seite 258 wird über אבל gesprochen; der ganze Artikel mit allen Talmudcitaten ist wörtlich aus Rappoport's Erech Millin, S. 4 und aus Schw., S. 108h genommen. In demselben Artikel citirt H. R. eine Stelle aus Pesachim, 53a und sagt: „Cet Abel est peut-être l'Abel Keramim de la Bible (Juges, XI, 33) où l'on cultivait, comme le nom indique, beaucoup de vignes," und citirt als Beleg für diese Ansicht den Eusebius. Wörtlich wieder bei Rapoport in seinem Erech Millin, S. 3 ad vocem אבל und Schw S. 122a. Wir haben schon in unserer ersten Schrift, Seite 9' nachgewiesen, daß H. R. das Wort אבולין, das „Weg" bedeutet, für ein nomen proprium genommen und darunter Ortsnamen verstand. Diesen Irrthum hat H: R. Schw. nachgeschrieben, der auch diesen bei H. R. angeführten Midrasch so auffaßt. Es bedarf wohl keines ferneren Beweises, daß wir Recht haben, wenn wir sagen, daß אבולין in der betreffenden Midraschstelle „Straße" bedeuten müßte; jedoch sei conjtatirt, daß der gelehrte Rapoport in seinem Artikel diese Midraschstelle nicht aufgenommen, was er gewiß nicht unterlassen hätte, wenn אבולין Namen von Städten wäre. — Seite 261 wird über אולם mit Angabe einer Talmudstelle gesprochen, bei Schw., S. 94a. — Zur s. Seite wird über כפר אימרא mit Angabe einer Talmudstelle gesprochen, bei Schw., S. 65a. — Zur s. Seite wird auch über כפר אימי gesprochen, bei Schw., S. 37a. — Zur s. Seite wird über אמרי mit Angabe einer Tosiftha gesprochen, bei Schw., S. 90a. — Zur s. Seite wird über כפר אריה mit Angabe einer Talmudstelle und einer anderen Lesearts in der Tosiftha gesprochen, bei Schw., S. 65a. — Zur s. Seite wird über בדן mit Angabe zweier Talmudstellen gesprochen, und — wie H. R. meint — aus denen zu ersehen ist, daß Samaritaner daselbst gewohnt, wörtlich, bei Schw., S. 90b. Den Schluß, den H. R. zieht, daß Samaritaner da gewohnt, hat er wahrscheinlich aus dem Bartenurah, in seinem Commentar zur Mischna, Kilaïm, genommen, den auch Schw. anführt. H. R. sagt ferner, daß man das בדן im Talmud mit dem heutigen Vady-el-Bad identificiren kann, das sagt auch Schw. daselbst. — Seite 262 wird über בולי mit Angabe zweier Talmudstellen gesprochen, bei Schw. S. 145b. — Daselbst über בורני mit Angabe einer Talmudstelle, bei Schw., S. 90b. — Daselbst über בית אניקי, wörtlich mit allen Citaten aus Rapoport's Erech Millin, S. 27, abgeschrieben. — Seite 263 wird über בית דלי mit Angabe einer Talmudstelle gesprochen, bei Schw., S. 64b. — — Zur s Seite wird über בית טבריות mit Angabe einer Talmudstelle gesprochen, und H. R. sagt, daß vielleicht darunter Tiberias gemeint sei, wörtlich bei Schw. in seinem Anhange, wo er über die wichtige Städte Palästinas spricht, S. 51b, Note 1. — Seite 264 wird über בית שריק gesprochen, wörtlich bei Schw.

S. 93b. — Zur f. Seite wird über גבע mit Angabe einer Talmudstelle gesprochen, bei Schw., S. 90b. — Seite 265 wird über גרסיס mit Angabe einer Talmudstelle und des Joseph. gesprochen, wörtlich bei Schw., S. 98a. — Zur f. Seite wird über כפר דטיא gesprochen, bei Schw., S. 99b. — Seite 266 wird über הדוב mit Angabe dreier Talmudstellen gesprochen, bei Schw., S. 20b und Peri Tebuah, S. 39a b. — Seite 267 wird über טוריא gesprochen, wörtlich bei Schw., S. 106a. — Zur f. Seite wird über טור שמעון gesprochen, die Citate sammt den Conjecturen bei Grätz, Geschichte der Juden, III. Band, Note 20. — Seite 268 wird über מערת טלימאן mit Angabe einer Talmudstelle gesprochen, bei Schw. in seinem Peri Tebuah, S. 39b. — Zur f. Seite wird über כפר יתמא mit Angabe einer Talmudstelle gesprochen, bei Schw., S. 90b. — Seite 269 wird über כוכבא mit Angabe einer Pesiktha rabbathi, c. 16 gesprochen, bei Schw., S. 93a. H. N. sagt: „Kokhba est sans doute identique avec l'endroit de Kaukab," ohne wieder die Quelle, aus der er das genommen, zu nennen; wörtlich bei Schw. zur angeführten Stelle. — Zur f. Seite wird über כופרא mit Angabe einer Talmudstelle gesprochen, bei Schw., S. 93b. — Seite 270 wird über כפר נבוריא mit Angabe zweier Talmudstellen gesprochen, bei Schw., S. 103a. H. N. giebt, wie wir gezeigt, nur so viel an, als in Schwarz enthalten ist! Wenn H. N. selbstständig gearbeitet, warum giebt er nicht folgende sehr wichtige Stellen, wo כפר נבוריא erwähnt wird, an? Jeruschalmi Kiduschin, 3, 4; Jeruschalmi, Jebamoth, 2, 5; Jeruschalmi, Bikurim, 3, 5; Jeruschalmi, Berachoth, 9, 1, und Midrasch Samuel, c. 7. — Seite 271 wird über סליכא mit Angabe einer Talmudstelle gesprochen, bei Schw., S. 117a und bei Kaplan, t. II, p. 112. — Zur f. Seite wird über ססמא mit Angabe einer Talmudstelle gesprochen, bei Schw., S. 98b. — Zur f. Seite über עין טב, bei Schw., S. 93b. — Seite 272 wird über כפר עמיקו gesprochen, bei Schw., S. 104a. — Seite 273 wird über עמסות mit Angabe zweier Talmud-

ſtellen geſprochen, bei Schw., S. 103a. — Zur f. Seite wird
über בפר עקביה mit Angabe einer Talmudſtelle geſprochen
und H. N. ſagt, daß es vielleicht das heutige Akbi iſt, wörtlich
bei Schw., S. 123a. — Seite 274 wird über סידרקא mit
Angabe einer Talmudſtelle geſprochen, bei Schw., S. 144b. —
Seite 275 wird über סרך mit Angabe zweier Talmudſtellen
geſprochen, bei Schw., S. 89b. — Zur f. Seite wird über סרדת
geſprochen, bei Schw., S. 101a. H. N. ſucht daſelbſt Schwarz's
Anſicht zu widerlegen, indem er durch gelehrte Citate beweiſt,
daß Schwarz einen Irrthum begangen hat. Wörtlich wieder
Rapoport in ſeinem Erech Millin, Seite 232, der ebenſo
Schwarz's Meinung widerlegt, abgeſchrieben. Es iſt das wieder
charakteriſtiſch, wie H. N. verfährt! — Zur f. Seite wird
über צלמון mit Angabe dreier Talmudſtellen geſprochen, bei
Schw., S. 76a. — Zur f. Seite wird über צרדד geſprochen, bei Schw.,
S. 108a. — Seite 276 wird über כפר קורייגוס mit Angabe
zweier Talmudſtellen und der Peſiktha rabbathi, c. 17, wo die
Leſeart כפר כרנים iſt, geſprochen, wörtlich bei Schw., S. 108b. — Zur
f. Seite wird über קצי mit Angabe zweier Talmudſtellen geſprochen, wörtlich bei Schw., S. 76a. — Seite 277 wird über
כפרא mit Angabe einer Talmudſtelle geſprochen, bei Schw., S.
101b. — In den folgenden Artikeln citirt H. N. ſelbſt
Schwarz; wir fügen noch hinzu, daß daſelbſt alle Talmudſtellen
angegeben ſind. — Seite 279 wird über תימן mit Angabe einer
Talmudſtelle geſprochen, bei Schw., S. 111b. — Seite 280 wird
über כפר תמרתא mit Angabe einer Talmudſtelle geſprochen, bei
Schw., S. 94a. Und ſo geht die Litanei durch das ganze
Werk fort! Hier ſchließt H. N. ſeinen erſten Theil, die Geographie Paläſtinas behandelnd, ab, und geht auf die außerhalb
Paläſtinas gelegenen Länder über. Wir haben bis jetzt Blatt
für Blatt ſtreng und wahrheitsgetreu nachgewieſen, (und zwar,
weil, wie H. N. ſagt, nur der erſte Theil von der Academie
der Wiſſenſchaft gekrönt wurde) daß Alles wörtlich abgeſchrieben

und Hrn. N. nichts als höchstens das Titelblatt zugeschrieben
werden kann. Sämmtliche Talmudcitate, ebenso größtentheils
die Angaben bei Joseph., Eusebius, Plinius, Hieronymus ꝛc.
sind Schwarz nachgeschrieben. Die ferneren Angaben, daß noch
heute diese Oerter existiren, sind durchwegs auch bei Schw. gemacht, nur hat H. N., da er doch Quellen angeben mußte, Robinson, Ritter, Winer, Burkhard ꝛc. dafür angeführt. Den
Weg dazu aber hat ihm Schwarz gezeigt. Nun wollen wir in
einer kurzen Note abmachen, daß von jetzt an die geistreichsten,
gediegensten und gelehrtesten Artikel, und zwar diejenigen, die
mit dem Buchstaben א beginnen, folgen. Es sind die jetzt
Folgenden, wie wir sie gezählt haben, 30 an der Zahl. Alle
diese Artikel sind wörtlich — und zwar ohne jegliche Hyperbel
gesprochen — Rapoport's Erech Millin abgeschrieben. Rapoport
hat bekanntlich seinen Erech Millin nur über den Buchstaben א
geschrieben. Bemerken müssen wir noch, daß, so wörtlich H. N.
Rapoport abgeschrieben, er den Namen jedoch durchgehends
falsch schreibt. Alles also bis auf den Namen hat H. N. getreu
und gewissenhaft abgeschrieben! Nun wollen wir einen Beweis
geben, obschon es dessen nicht bedarf, daß H. N. Rapoport abgeschrieben, ohne die Stellen im Talmud gesehen zu haben
Seite 313, in einem Artikel über Antiochia, citirt H. N. einen
Midrasch, Bereschith rabba, c. 8, wo erzählt wird, daß an
Rabbi Tanhum religiöse Fragen in Antiochien sollen gerichtet
worden sein. Wir haben schon in unserer ersten Schrift, Seite
31, nachgewiesen, daß das Citat ein falsches ist, da doch in der
betreffenden Stelle nicht Rabbi Tanhum, sondern Rabbi Schamlai
steht. Das Räthsel ist jedoch gelöst, wenn man Rapoports Artikel
liest. Rapoport citirt daselbst einen Midrasch, Bereschith rabba
c. 8, nach welchem solche Fragen an Rabbi Schamlai sollen gerichtet worden sein, und c. 19, wo erzählt wird, daß auch an
Rabbi Tanhum solche Fragen gestellt wurden. H. N. hat aber
in der Eile des Abschreibens das c. 8 dafür gehalten, wo
Rabbi Tanhum erwähnt sein soll, während es aber das c.

19 ist, und deshalb diese Confusion. Diese 80 Artikel dürften bei H. N. 50 Seiten ausmachen; somit haben wir bereits auf 350 Seiten nachgewiesen, daß Alles abgeschrieben ist. Es bleibt uns somit noch übrig, den Beweis für die übrigen 80 Seiten anzutreten, den zu liefern uns nicht schwer fällt. Da es aber für die Wissenschaft kein besonderes Interesse haben dürfte, auch ferner Alles so minutiös nachzuweisen, andererseits wieder unsere Arbeit zu umfangreich wird, so werden wir nur im Allgemeinen die Plagiate nachweisen, und nur da, wo H. N. wörtlich abgeschrieben, werden wir die Artikel namhaft machen. Seite 292 beginnt die Geographie der außerhalb Palästina's gelegenen Länder und H. N. bespricht daselbst Syrien. Es wird daselbst eine Stelle aus Maimonides, Jad Hachsakah, Helachoth Therumoth, 1, 1 citirt, bei Schw., S. 19b. In Note 2 auf Seite 293 sagt H. N., daß der Ort צהר, den Maimonides daselbst erwähnt, vielleicht der jetzt bekannte Ort Zehereh sei, bei Schw., S. 19b. — Seite 297 wird über חדרך gesprochen, vergl. Kaplan, t. I. pag. 137. — Seite 298 wird über בלבק gesprochen, bei Schw., S. 37a. H. N. citirt daselbst eine Talmudstelle, Abodah Sarah, 11b, wo עין בכי erwähnt wird, und sagt: „Nous croyons que ce nom est une variante de Baal-bekhi," vergl. Schwarz in seinen Noten zuletzt. — Seite 299 wird über ערקת לבנה gesprochen, wörtlich bei Rapoport, S. 231. Wir sehen uns deshalb veranlaßt dies zu bemerken, weil H. N. den Namen mit ע schreibt, was auch richtig ist, während ihn Rapoport ad vocem ארקים דליבנן behandelt. — Seite 315 citirt H. N. eine Pesiktha nach Msc. Bodl., 25, fol. 16, wo ein Nachum aus Tarses erwähnt wird, bei Schw., S. 104b. Ob H. N. wirklich nach dem Msc. Bodl. citirt, wissen wir nicht; wir glauben vielmehr, daß diesmal das Msc. Bodl. Schwarz ist! — Seite 344 wird über מתא מחסיא gesprochen, vergl. Lebrecht's „kritische Lese", von Jahre 1863, Seite 18, und die Noten daselbst. — Seite 350 wird über בי כובי gesprochen, vergl. Rapoport's Erech Millin, S. 390. — Seite 356 wird über מחוזא gesprochen. Wir haben

schon in unserer ersten Schrift, Seite 17, nachgewiesen, daß H. N. etwas Neues zu geben glaubt, das schon im Talmud als Randglosse bemerkt steht und auch im En-Jakob die richtige Leseart angegeben ist. Wir müssen jedoch als Nachtrag geben, daß wahrscheinlich H. N. das nicht aus dem Talmud, sondern aus Schwarz, der in seinem Peri Tebuah, S. 65b, dieselbe Note giebt, abgeschrieben. — Von Seite 410—414 wird über Africa und Europa gesprochen, vergl. Schw., S. 143b—145b. Wir haben schon in unserer ersten Schrift, Seite 26, nachgewiesen, daß H. N. die ganze Conjectur über die Mechiltha zu Seite 408 wörtlich Kaplan nachgeschrieben. Wir fügen hier hinzu, daß möglicher- oder wahrscheinlicher Weise H. N. dies von Schwarz, der sie Seite 137a citirt und ganz dieselbe Erklärung giebt, abgeschrieben. Ueberdies bemerken wir noch, daß auch Rapoport in seinem Erech Millin, Seite 47, diese Mechiltha anführt und auch diese Erklärung giebt. H. N., der, wie augenscheinlich erwiesen ist, sowohl Kaplan und vorzüglich Schwarz und Rapoport abgeschrieben, hat doch gewiß in einem dieser Werke das gesehen und citirt's doch von sich! Nun endlich schließt H. N. das Buch mit einer Tabelle auf Seite 419, auf der die Angaben der verschiedenen Talmuden, Midraschim und Targumim, über die Völkertafel, Genes. c. 10, verzeichnet stehen. Auch bei Schw., S. 126—139b. Es wird wohl genügen, wenn wir sagen, daß H. N. auch hier wörtlich abgeschrieben; jedoch wollen wir eine kleine Probe seiner Erklärung, die er mit Ostentation als sein geistiges Product ausgiebt, anführen. Seite 422 sagt H. N., daß der Talmud כנד mit Kandia übersetzt, was gewiß ein Fehler ist, bei Schw., S. 128a. — Zur f. Seite sagt H. N.: „תבל wird vom Talmud Jeruschalmi, vom Midrasch und von den Targumim durch ויתיניא gegeben, das gewiß Bitynien lauten muß," bei Schw., S. 128b. — Seite 423 sagt H. N., daß מתי im Talmud durch מוסיא gegeben ist, das gewiß Mysien lauten muß, vergl. Schw., Seite 128b. Nun ein Wort der Entschuldigung, daß wir die II. Abtheilung so umfangreich angelegt, da doch der Beweis auch mit der Hälfte gegeben wäre. Wir glauben jedoch denen, die sich mit diesem Fache beschäftigen und Schwarz's gelehrtes und inhaltvolles Werk nicht entbehren können, einen wesentlichen Dienst geleistet zu haben. Schwarz's Werk, „Tebuoth Haarez," leidet, so lehrreich es auch ist, an einem großen Fehler, und vielleicht deshalb von der Welt wenig gekannt und benutzt wird. Das Werk hat kein Verzeichniß der Namen, so daß man oft das ganze Buch durchsuchen muß, bevor man den gesuchten Ort auffindet. Durch unsere Arbeit ist wenigstens eine solche Erleichterung der Sache getroffen, daß man nur bei H. N. nachzusehen braucht und dann bei uns zu vergleichen, und man wird sofort den Ort angegeben finden. Wir haben aber nicht nur über seinen Tebuoth Haarez, sondern auch über seinen Peri Tebuah und über sämmtliche Noten ein genaues Citat angegeben. Möge die gelehrte Welt auch diese Sache genau prüfen und untersuchen, ob nicht unsere Angaben durchgehends zutreffen, und somit, wenn dieses für richtig befunden wird, wir mit vollem Rechte die Anklage wegen Plagiats gegen H. N. erheben!!! —

* * *

Wir haben somit unser Versprechen in einem von uns veröffentlichten Briefe, der im „Athenaeum" vom 4. Juni 1870 abgedruckt war, daß H. N. in kürzester Zeit uns kennen lernen wird, gehalten. H. N. bezeichnet uns im „Athenaeum" vom 28. Mai als einen „unknown German." Wir glauben nun, daß H. N. uns und die Welt H. N. zur Genüge kennen gelernt hat. Wir bitten um Entschuldigung, wenn uns hier und da bei der Aufzählung der Irrthümer und der Plagiate ein Ausdruck entschlüpft, der schärfer gehalten ist, als es gerade zur Objectivität der Sache nothwendig erscheint. Wir gestehen es, daß uns das Talent, künstliche Formen einer diplomatischen Note herauszuklügeln, auf daß das Gleichgewicht Europas nicht gestört werde, abgeht. Wir finden es auch gar nicht für nöthig!

Der weise Staatsmann muß seine Worte wohl auf die Goldwage legen, damit er nicht etwa einen Krieg entflamme, der das Wohl und Heil millionen, ruhiger Staatsbürger gefährde. Hier soll aber der Wahrheit und der Wissenschaft das Wort geredet werden, die für den aller Schonung sich entäußernden und alle Grenzen des Anstands überschreitenden H. N. kein Atom von Nachsicht aufzubringen vermögen! Wir hielten es unter unserer Würde, auf die Insulten, die H. N. in der „allgemeinen Zeitung des Judenthums," ein Organ für jüdische Interessen (!), uns entgegen geschleudert, zu erwidern. Daß H. N., den wir von seiner schwindlichen Höhe, auf die ihn, nicht das Verdienst, sondern das Spiel des Zufalls gehoben, — unabsichtlich herabgestürzt, uns beschimpft, ist leicht begreiflich Allein mit welchem Rechte, fragen wir, darf H. Dr. Philippson Ausdrücke verpöntester Art, wie bubenhaft, als nicht zur Sache gehörig, in seinem Blatte aufnehmen? War denn unser Vergehen, dem Verfasser seine Irrthümer nachzuweisen, wirklich ein so großes, daß uns H. Dr. Philippson eine solche starke Sühne auferlegt? H. N., der auch im „Athenaeum" vom 28. Mai eine Polemik gegen uns geführt, hat es auch gewiß da an Invectiven gegen uns nicht mangeln lassen, allein sie finden sich daselbst nicht verzeichnet. Warum sollte uns H. N. im „Athenaeum" denn mehr als in der „allgemeinen Zeitung des Judenthums" geschont haben? Wahrscheinlich ist's, daß das „Athenaeum" solche Ausdrücke, als unwürdig für ein wissenschaftliches Blatt befunden, gestrichen, und wenn H. Dr. Philippson das Blatt nicht gelesen, so möge er es zur Hand nehmen, und da wird er sofort den Unterschied zwischen dem Redacteur eines „Athenaeum" und dem einer „allgemeinen Zeitung des Judenthums" herausfinden! Wir appelliren an die öffentliche Meinung und an Männer von Wissen, die im Dienste der Wissenschaft stehen und unbestechlich sind! Wir fragen: wessen Gebahren ist ein bubenhaftes zu nennen, etwa unser Verfahren, das, nicht in gekünstelter, sophistischer Weise, sondern in klaren, präcisen und schlagenden Argumenten einem Manne seine Unwissenheit und Gewissenlosigkeit nachgewiesen, oder das Gebahren dessen, der aus verborgenen, in hebräischer Sprache verfaßten Werken, die der christlich-gelehrten Welt nicht so leicht zugänglich sind, sein ganzes Werk abschreibt, und auf die Spekulation hin, daß die Sache nicht geprüft werden kann, nicht geprüft werden darf, sich den Preis erschwindelt? Zwei volle Jahre wußte dieses Werk in hohem Ansehen sich zu erhalten, und gerade herausgesagt: wir sind stolz darauf, die Welt über diesen Humbug aufgeklärt zu haben! Daß H. N. so sehr entrüstet darüber ist, daß wir die Academie der Wissenschaft angegriffen, ist aus subtilen Gründen leicht erklärlich. Wir haben aber nicht diese gelehrte Gesellschaft angegriffen, um etwa ihr Verdienst und ihr Streben zu schmälern; wir wissen das Verdienst zu würdigen und müssen nur dieser gelehrten Corporation, die als der geistige Thermometer für das civilisirte Europa betrachtet wird, unsere ganze Hochachtung aussprechen. Wir wissen es mindestens so gut als der gelehrte H. N., daß gerade Frankreich zur Hebung und Förderung orientalischen Wissens viel gethan und beigetragen hat. Wir wissen auch mindestens so gut als er den Werth der Sylvester de Sacy's und der Munk's zu schätzen. Allein gerade deshalb konnten wir nicht umhin, dieser gelehrten Gesellschaft zu zeigen, wie vorsichtig sie in ihrem Urtheile und in der Krönung eines Werkes sein muß, wenn sie auch fürder ihr Ansehen und ihren Ruf als gelehrte Gesellschaft gewahrt wissen will. Wir fragen aber: mit welchem Rechte greift H. N. die ganze englische Nation an und spricht diesem cultivirten Volke Alles ab? Kann denn jedes Land so glücklich sein, einen H. N. zu acquiriren? Oder kann man eine ganze Nation dafür verantwortlich machen, weil ihre geistigen Träger nicht zu der Einsicht gelangen, ein Salomonisches Urtheil zu fällen? England hat Männer, zu deren Füßen H. N. noch lange Jahre als Schüler sitzen darf. Wir verweisen nur auf Emanuel Deutsch, am Britisch Museum, dessen Schrift über den Talmud zur Genüge bekannt ist und mit vollem Rechte die Aufmerksamkeit Europa's auf sich zog. Der Verfasser giebt sich fast auf jeder Seite als großer Denker und tiefer Forscher auf talmudischem Gebiete zu erkennen. Solche Männer mit solcher tiefgreifenden, talmudischen Gelehrsamkeit, dürfen und sollen über den Talmud schreiben. H. R., der unsere unerschütterlichen Beweise seiner Irrthümer nicht zu entkräften vermochte, sucht seinem erblaßten Nimbus dadurch Glanz zu verleihen, indem er wegwerfend von uns spricht und uns unter das Niveau der Mittelmäßigkeit hinab zu drücken sucht. Dabei gebraucht H. R. Ausdrücke, die niederzuschreiben unsere Feder sich sträubt. H. R. beruft sich allerdings auf das Schreiben eines namhaften Gelehrten vom 28. April, der ihn über unsere Schrift tröstet und sagt, daß unsere Arbeit nur pilpulistischen Inhalts sei. Also wenn man Jemandem nachweist, daß er den Talmud nicht zu lesen verstanden, wenn man ferner nachweist, daß er wörtlich abgeschrieben, so ist das nach der Meinung dieses namhaften Gelehrten Pilpul! Wir sind wahrlich begierig auf das Condolenzschreiben, das dieser gute, unschuldige Mann jetzt H. R. zukommen lassen wird. Möge es H. R. uns ja nicht verschweigen! H. R. sucht uns ferner lächerlich zu machen, weil wir in unserer ersten Schrift gesagt: „Wir werden H. R. nachweisen, daß er den Talmud nicht verstanden, ja sogar, daß er ihn stellenweise nicht lesen konnte," und er ruft phatetisch aus: „zwischen Lesen und Verstehen ist also ein Unterschied, muß H. Dr. M. glauben!" Wenn es der gelehrte H. R. erlaubt, so sagen wir ihm noch einmal, daß zwischen „Lesen und Verstehen" allerdings ein Unterschied ist. Man kann den Talmud lesen, ohne daß man ihn noch zu verstehen braucht. Und wenn wir sagen, daß Jemand den Talmud nicht zu lesen versteht, so wollen wir damit einen höhern Grad von Unwissenheit bezeichnen. Wenn aber H. R. glaubt, das wir ihm bereits alle Irrthümer nachgewiesen, so irrt er abermals. H. R. kann nicht so viel Schmähworte aus seinem vollgepfropften Apparat uns entgegenschleudern, als wir ihm Irrthümer in diesem einen Werke nachweisen **können und nachweisen werden,** falls er die Kampflust in sich verspürt, uns wieder in ungebührlicher Form herauszufordern. Auf unsere wohlgemeinten Worte: „H. N. möge fernerhin seinen Arbeiten mehr Vorsicht und Umsicht zuwenden," ruft H. N., als säße er im englischen Oberhause, höhnisch aus: „hear, hear!" H. N. hätte das in deutscher-, oder in seiner Landessprache, in der ungarischen Sprache geben können, und es würde denselben Erfolg gehabt haben. Da aber H. N. unsern wohlgemeinten Worten nur einen sarkastischen Sinn unterschob und selbe mit Spott begleitet, so sagen wir ihm ernstlich: „Bei Philippi sehen wir uns wieder!"

H. N. hätte klug und weise gehandelt, wenn er geschwiegen und die Sache auf sich beruhen gelassen hätte, und auch wir, da es nicht im Entferntesten in unserer Absicht lag, ihn bloßzustellen, hätten geschwiegen. Die Welt hätte sich noch immer ein ganz günstiges Urtheil über sein gekröntes Werk gebildet; denn was wollen einige unbedeutende Fehler von geringer Anzahl und einzelne Entlehnungen in Anbetracht eines riesigen Werkes von 430 Seiten sagen? Allein durch unsere zweite Schrift, worin H. N. unzählige Irrthümer, die die Ersteren als Nichts verschwinden lassen, nachgewiesen werden, und die zu entkräften dem größten Scharfsinne schwerfallen dürfte, endlich gar die Beweise, daß das ganze Werk buchstäblich abgeschrieben, ist sein Werk vollständig gerichtet, und keine Stimme kann sich mehr für ihn erklären. Wir rufen das Heiligste zum Zeugen an, daß es nicht in unserer Absicht lag, H. N. in den Augen der Welt herabzuwürdigen; allein da er unser Verfahren als bubenhaft bezeichnete, unsere Arbeit als Klabberadatsch-Lektüre benannte, uns als einen Schuljungen behandelte und gar persönlich wurde: da riß er uns aus der stillen Grenze, in der wir uns stets bescheiden hielten, hinaus, und wir waren es unserer verletzten Ehre und dem erwachten Selbstbewußtsein schuldig, diesen Stolz und diese Ueberhebung moralisch zu züchtigen. Wir rufen daher H. R. die Schlußworte unserer ersten Schrift, nur mit einer kleinen Variante, zu: Si tacuisses sapiens mansisses!